共生保障

〈支え合い〉の戦略

宮本太郎
Taro Miyamoto

岩波新書
1639

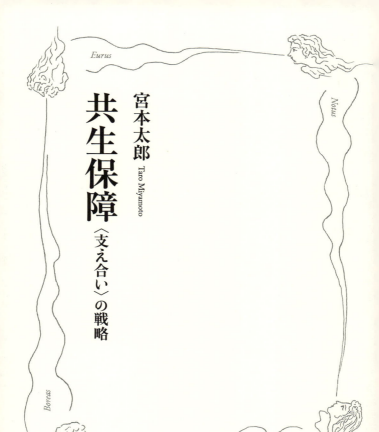

はじめに

広がる断層と「共生社会」

地域社会が持続困難になりつつあるのではないか。そのような見通しが表明され、実感をもって受け止められている。現役世代が数の上で減少しているだけでなく、経済的に弱体化し、社会的に孤立する人々が増えている。高齢世代など「支えられる側」と見なされてきた層が膨らむなかで、中間層が解体し、地域を支える力が弱まっているのである。

これまでの生活保障のあり方を前提とする限り、見通しが厳しくなるのも当然であろう。社会的断層が広がると、いかに事態に対処していくかについて、人々が合意を形成していくことがしだいに困難になる。アメリカやヨーロッパに見られるように、凋落する中間層の不安や怒りを煽るポピュリズム政治が広がりかねない。

こうしたなかで、「共生社会」というビジョンが盛んに唱えられるようになっている。

二〇一六年六月に安倍内閣が閣議決定した「ニッポン一億総活躍プラン」では、「地域共生社会」の実現が掲げられた。それは「支え手側と受け手側に分かれるのではなく、地域のあらゆる住民が役割を持ち、支え合いながら、自分らしく活躍できる地域コミュニティ」とされる。厚生労働省は、同年七月に「地域共生社会実現本部」を設置した。

共生社会というスローガンは、政府のこうした動向より早く、野党の民進党からも打ち出されていた。すなわち民進党は、まだ民主党であった二〇一五年二月に、「共生社会創造本部」を立ち上げ、この言葉を政策づくりの基軸とした。そして、二〇一六年三月の民進党の結党大会で採択した綱領において、目指すべき社会のあり方として共生社会を掲げた。民進党にとっての共生社会とは、「(個人が)多様性を認めつつ互いに支え合い、すべての人に居場所と出番がある、強くてしなやかな共に生きる社会」である。

共生社会という言葉は、これまでも、障害者や困難を抱えた青少年、あるいは外国人や性的マイノリティなどを社会につなぐという意味で使われてきた。これに対して、政府や野党から共生社会という言葉が改めて打ち出されている論調をみると、単に社会の外部にはじき出される人たちの統合に留まらず、これまで社会の担い手であった人々相互の関わり方を含めて、支え合いのかたちを根本的に再編する、という意味合いで使われている。つまり共生社会は、生活保障の再編が目指す社会像として論じられている。

共生は可能なのか?

社会のあり方として共生が打ち出されると、その中身が曖昧だからこそ、異を唱えにくい。ゆえに、政治や行政が都合よくこれを使うという面がある。「支え手側と受け手側に分かれるのではなく」(ニッポン一億総活躍プラン)、「すべての人に居場所と出番がある」(民進党綱領)社会。与野党の壁を越えて実にスムーズに言葉が重なってしまう。しかし、政治のなかで共生社会がこのようにそろって打ち出されているのを見ると、いささか複雑な気持ちになる。

筆者自身が、これからの生活保障のあり方をめぐって「「支える」「支えられる」という二分法からの脱却」(宮本 二〇一四)を一貫して主張してきた。その限りでは、与野党が共生社会という方向を共有することに異論はない。しかし問題は、二分法を脱却したその先で、人々の支え合いをどのように創り出しいかに支えるか、ということにこそある。

地域社会が持続困難とされるのは、そもそも共生や支え合いが難しくなっているからである。多くの現役世代にとって、安定した仕事に就いて力を発揮したり、結婚をして家族で支え合うこと自体が容易でなくなっている。その結果、現役世代の一部は生活保護などを受給する側に回らざるを得ない。その一方で、高齢世帯の単身化と低所得化が進行し、高齢世代を支えることが以前にも増して「重く」なっている。

人々が支え合いに加わる力そのものが損なわれ、共生それ自体が困難になっている。こうした現実に分け入ることなく、規範として共生を掲げ続けるならば、それは現実を覆い隠すばかりか、困難になった支え合いに責任をまる投げしてしまうことにもなりかねない。

たとえば、生活保護受給のハードルを上げて、支援が必要な現役世代にやみくもに就労を求めたり、あるいは高齢者や障害者に「支える側」に回ることを奨励したりするだけで、支え合いはすすむであろうか。それでは、地域社会の持続をよけいに危うくするだけであろう。

地域で人々が支え合うことを困難にしている事態をいかに打開し、共生を可能にする制度保障をどう設計するか。家族やコミュニティをいかに支え直すか。このことこそが問われなければならない。本書はそのような制度構想を、「共生保障」と呼ぶ。共生保障は、生活保障を地域の現実に対応させ、刷新していく方向を示すための言葉である。

共生保障という問い

『生活保障　排除しない社会へ』(岩波新書、二〇〇九年)において筆者は、生活保障を雇用保障と社会保障の連携としてとらえた。そして日本型生活保障の揺らぎのなかで、人々が働き暮らすことを支える新しいかたちを展望した。

その後、これまでの生活保障の前提となっていた働く場や居住をめぐるつながりは、より根本から揺らいでいる。個人のアクティベーション（活性化）に焦点を当てた前著の議論をふまえつつも、本書では、つながりをつなぎ直し、支え合いを支え直す共生保障の政策と制度を中心に検討をすすめていく。

共生保障は新しい言葉ではあるが、その内容は新奇なものではなく、現実から離反した抽象論でもない。地域における様々な支え合いの取り組みに根ざし、また国がすすめてきた社会保障改革の教訓をもふまえたものである。

地域では、NPOなど民間の事業体が牽引役となり、共生のための多様な試みが重ねられてきた。自治体でも旧来の縦割りを超えた包括的サービス実現への動きがある。ところがこうした「好事例」は、既存制度を超える「技」（「裏技」「荒業」を含めて）を備えた突出したリーダーシップによる例外的事例に留まっている。

他方で、国も社会保障改革をすすめてきた。社会保障を救貧的な制度から脱却させる「普遍主義」が掲げられ、「支えられる側」に括られがちな人々の「自立支援」が打ち出されてきた。だが、普遍主義的改革や自立支援が掛け声通りに実現しているとはいい難い。普遍主義の名のもとにサービスの市場化がすすみ、低所得層が排除されているという見方もある。あるいは、自立支援の制度が就労（あるいは介護予防）の義務化になっているのではないかという指摘もある。

新聞やメディアは、地域で広がるひとり親世帯や高齢世帯の困窮、孤立をクローズアップし、時に警鐘を乱打する。その一方で、地域における困窮者支援やまちづくりの「好事例」を積極的に取り上げ、これを持ち上げる。さらに、国の社会保障改革の停滞について伝える。だが、深刻な地域の現実と一部の「好事例」と停滞する社会保障改革が、時々のトピックに伴って代わる代わる前面に出て、相互につながらない。

本書は、既存の制度が地域社会の現実に対応できない理由を明らかにし、地域での創造的な取り組みをふまえつつ、こうした事態を打開するための共生保障という考え方を示す。そして、空回りする普遍主義的改革を、共生保障の方向に転じていく可能性を探る。

本書の構成

本書は、以下のような構成をとる。第一章においては、地域で困窮と孤立の広がりから、共生や支え合いが困難になっている現実にまず焦点を当てる。同時に、旧来の制度が十分に機能しないばかりか、地域の現実をより困難にしかねないその理由を考える。

第二章では、転換の方向として、共生保障とはいかなる考え方なのか、その基本的な性格を明らかにする。それは、共生と支え合いが困難になっている現実をふまえ、「支える側」を支え直し、「支えられる側」に参加機会を広げ、そして共生の場を再構築していく考え方である。その上で、地域ですでにこうした考え方を先取りする動きがすすんでいることを紹介する。

第三章では、共生保障という考え方をどのように制度化していくのかを考える。まず、これまでの働き方や暮らし方に留まらず、共生の場をより拡大していく方向を提示する。働き方の間口を広げるユニバーサル就労や共生型ケア、地域に開かれた地域型居住、さらには、それらを後押しする補完型所得保障が重要であると主張する。加えて、こうした共生の場に人々をむすびつける自治体やNPOなどによる支援のあり方を論じる。

第四章では、これまでの社会保障改革と共生保障の関係を考える。一九九〇年代からすすめられてきた社会保障改革が、普遍主義や自立支援という点で共生保障と重なる目標を掲げながらも、その目標を達成できない理由を検討する。それは財政的困難、自治体の制度構造、中間層の解体と雇用劣化という三つの構造問題が、普遍主義と自立支援を妨げてきたからである。その一方で、生活困窮者自立支援制度のように、こうした構造問題そのものに対処しようとする政策展開も現れていることに注目し、改革を共生保障の方向に引き寄せていく課題を示す。

そして第五章では、共生という価値と政治を考える。第二章、第三章で見た地域の取り組みを定着させ、さらに第四章で注目した普遍主義的改革の新しい可能性を引き出すためには、政治のイニシアティブが不可欠である。ここでは、共生保障を担う政治を、経済的自由主義、保守主義、旧来型のリベラルと対比しつつ位置づけ、その可能性を考える。

目　次

目　次

第一章

制度はなぜ対応できないか

1　今起きていること

現役世代の低所得化と未婚化

日本社会で、困窮と孤立が世代を超えて広がっているが、既存の制度の対応力は著しく弱まっている。

一九九〇年代半ばから、雇用の劣化による現役世代の所得低下がすすんだ。次いで二〇〇〇年代初めからは、この世代が親となるタイミングとも重なり、子どもの貧困が問題視されるようになった。年金制度が成熟しているはずの高齢世帯についても、二〇一〇年ごろから男性単身世帯などの貧困率に上昇傾向が見られる。つまりは困窮の三世代化である。

まず現役世代の低所得化と未婚化についてである。一九九五年に一〇〇〇万人を突破した非正規雇用の人々が、二〇一五年にはほぼ倍の一九五三万人に達した。雇用改善がいわれるなかでもその比重は増大し続けている。かつて非正規雇用とは、主には男性稼ぎ主の勤労所得を補完する妻のパート労働で、ゆえに給与は、配偶者控除の受給資格や年金の第三号被保険者の地位を維持できる水準に抑えられる傾向があった。ところがその後、男性を含めてこの給与水準で世帯を担わなければならない人が急増した。

ある大学の就職部が、学生の就活を「激励」する目的でつくったモニュメントが話題になったことがあった。就職部入り口の机の上に大きなものと小さなもの、二つの札束の山が置かれている。一つは三億円相当の山、もう一つは九〇〇〇万円相当の山になっている。二つの山が表すのは、正規雇用と非正規雇用のそれぞれの生涯賃金の差である。

就活に全力を傾注しなければ、生涯賃金は二億円ちがってくるぞというメッセージなのであるが、小杉礼子らの研究によれば、二〇一〇年から二〇一二年に卒業した学生の場合、初職が非正規であるケースは男性で二〇・六％、女性で二三・一％に達する（『日本経済新聞』電子版二〇一五年一月一九日）。

非正規化は単身化につながる。初職が非正規雇用である場合、三〇代前半で結婚経験がある男性の割合は三五％に留まる（厚生労働省「第九回二一世紀成年者縦断調査の概況」平成二四年）。今日、この給与水準で新たな家族を形成することは困難なのである。

かつての、ジェンダー役割分業を前提にしていた非正規雇用のかたちが男女を超えて広がり、その結果、家族形成が困難になった。「家族に埋め込まれた非正規」が、グローバル経済と新しい雇用の階層化のなか、「家族をつくれない非正規」に転じたのは皮肉という他はない。

困窮の連鎖と子ども

子どもの貧困率の上昇は急であって、一九九七年と二〇一二年の間で、相対的貧困率全般は一四・六％から一六・一％へと一・五ポイントほど上昇したが、子どもの貧困率は一三・四％から一六・三％へと三ポイント近い上昇となった。先に述べた雇用の劣化が、子どもの貧困に影響していることは明らかである。子どものいる世帯すべての平均所得は、一九九六年の七八一・六万円をピークに、二〇一三年には六九六・三万円に落ち込んでいる(厚労省「国民生活基礎調査」平成二六年)。

とくにひとり親世帯において子どもの貧困率が五三％を超えている。約一二三万の母子世帯の母親の八〇・六％がすでに就業しているが、正規雇用は三九・四％と少なく、母親の平均年収は、児童扶養手当などを含めても二二三万円である(厚労省「平成二三年度全国母子世帯等調査結果報告」)。二〇一三年の「国民生活基礎調査」では、母子世帯の四九・五％が生活が「大変苦しい」と答えている。

同時に留意するべきは、雇用の劣化がすすむなか、ひとり親世帯ではなくとも、父親が非正規である世帯の子どもの貧困率は三三・四％となっていることである。これに対して、父親が正規雇用である世帯の子どもの貧困率は六・七％に留まる。そもそも日本では、成人全員が職に就いていても相対的貧困を脱却できない世帯の率が一二％で、他国に比べてもたいへん高くなっている（ＯＥＣＤ「より良い暮らし指標」二〇一四年版）。逆にひとり親世帯ではない場合、児童扶養手当が受給できず、あとは生活保護しかないという事情も、こうした世帯の経済的困難を増すことになっている。

教育費の公的支出は先進国のなかでも最低水準で、重い家計負担が低所得の子育て世帯にのしかかる。生活保護受給の水準あるいはそれに準じる所得の家庭に対して、給食費、体育実技用具費、修学旅行費などを援助する就学援助を受けている子どもの割合は、一九九五年には六・一％であったが、二〇一二年には一五・六％を超えた（内閣府『子ども・若者白書』平成二七年版）。

困窮の広がりについては、豊かさのなかの相対的貧困にすぎないのではないか、という見方も依然としてある。女子高校生の貧困をめぐるＮＨＫの報道番組に対して、もっと節約すればよいという「つっこみ」がネット上に溢れたこともあった。

だが今日、たとえば携帯電話が持てなければ社会的な排除につながりかねないという点を考えると、相対的貧困という視点は重要である。さらにここで併せて述べておくべきは、相対的に見た場合のみならず、固定的に見ても困窮が広がっているという事実である。

相対的貧困率とは、所得が中央値(個人あたりの平均的な所得)の半分以下の人々の割合である。ところが、この中央値(一九八五年基準の実質値)自体が一九九七年の二五九万円から二〇一二年の二二一万円へと一四%以上落ち込んでいるのである(厚労省「国民生活基礎調査の概要」平成二五年)。相対的貧困率だけでなく、ある時期の所得中央値を固定してそこからの所得の減少をとらえる固定貧困率も見ていく必要が唱えられている。

高齢世代の「再困窮化」

日本の社会保障は、保育や就労支援などの現役世代向けの支出より、高齢者向けの支出に偏っているといわれ、「人生後半の社会保障」と呼ばれてきた。年金制度の成熟や高齢者医療制度の整備などもあって、たとえば一九八五年には二〇%を超えていた六五歳以上男性の相対的貧困率は、二〇〇九年には一五%程度まで減少した。

ところが、高齢世代にも困窮が広がっている。二〇一五年には、これもテレビの特集番組をとおして高齢者の「老後破産」が大きな関心を集めた。一部の世帯において高齢者の貧困率は上昇傾向にある。たとえば二〇〇九年と二〇一二年を比べると、男性の高齢単身世帯では二八・七％から二九・三％へ、夫婦のみ世帯では一三・七％から一四・二％へ上昇している。女性の高齢単身世帯では四四％を超えている(阿部彩「相対的貧困率の動向」貧困統計ホームページ)。

ここで改めて強調しておくべきは、日本の社会保障が高齢世代向け支出に偏っていたのは事実としても、すべての高齢者が支えられてきたわけではなかった、ということである。相対的に安定した給付を実現してきたのは、主として大企業の従業員であった人々を対象とした厚生年金であった。

中小企業や自営業を含めて、相応の保険料を払い続けることができなかった場合、税によって格差を是正する仕組みは、生活保護以外きわめて弱い。その意味で日本の社会保障は、「人生後半の社会保障」というより、安定した仕事に就いていた人たちの「退職後の社会保障」だったのである。

とくに非正規雇用の場合、厚生年金への加入率が五二・〇％、健康保険への加入率が五四・七％にとどまる(厚労省「就業形態の多様化に関する総合実態調査の概況」平成二六年)。また厚生年金を含めて、マクロ経済スライドの実施で年金の給付額は賃金・物価の伸び率に照らして抑えられ、二〇四二年までに基礎年金で三割程度の引き下げになる。これに対して、介護・医療費の負担は大幅に増大すると見込まれる。

今日の高齢世代の中心になりつつある団塊の世代については、相対的に恵まれた世代という印象もあるが、バブルの崩壊後に非正規雇用に転じていたり、教育費支出で貯蓄を大きく減らしているなど、安定した備えがあるとはいえない場合も多い。その後に続く世代も、一九九〇年代半ばに急増した低所得の非正規労働者がそのまま壮年期に入りつつある。総務省の労働力調査でみると、五五歳以上の非正規労働者は、二〇〇三年には三六〇万人であったが、二〇一三年には六二〇万人となっている。

困窮の世帯内複合

困窮が三世代化しつつあるなかで、個々の世帯のなかでは、三つの困窮が様々なかたちで連鎖する。たとえば、非正規雇用の現役世代が家計を維持している世帯で、老親の認知症がすすみ、その介護のために労働時間と所得が大きく減少し、子どもの貧困につながる。こうしたことはもはや珍しいパターンではない。

あるいは、親と同居する三五歳から四四歳までの未婚者が増大している。二〇〇三年には一九一万人であったが二〇一二年には三〇五万人に達し、そのうち完全失業者の割合は一〇・

四％になっている（西文彦「親と同居の未婚者の最近の状況　その一〇」総務省統計局ホームページ）。実態としては、成人後も無業あるいは非正規で低所得の息子や娘が、年金などを頼って親と同居する年金依存同居が増大していると見られる。

現役世代一人ひとりの困窮も、低所得、孤立、健康など様々な問題が絡み合っている。だがこれがさらに世帯内で連鎖すると、住宅、子育て（教育費）、介護、多重債務などの問題が複合していく。困窮につながるこうした個々の要因は、誰にでも生じうるものであるが、いったんそれが複合すると、人々が直面している困難が深まると同時に、世帯ごとに複雑さを増す。

ところが、「支えられる側」の人々のための縦割りの福祉行政の仕組みは、高齢者、障害者、困窮者といったように、困難の根拠を個人の属性として絞り込むかたちでできている。世帯のなかの関係については、生活保護などのように扶養関係があるかないか、介護保険のように家族の生活支援が期待できるかどうかは関心をもたれるが、困難が連鎖した複合的状況に包括的に対応する部局はない。

かつてのように、皆が貧乏でその原因も低賃金など明確であれば、経済的困難は団結や連帯が広がるきっかけともなった。現在の日本の相対的貧困率は一六％を超えていて、困窮層は決して少ないとはいえない。だが、今日の困窮は連帯ではなく孤立を招く。

人々は、個人ごとにさらには世帯内において複雑に絡んだ複合的困難を前に、支援を求めたり互いにつながるより、自分はよほど運が悪いものと立ち竦《すく》んでしまう。役所を訪れても窓口をたらいまわしされるうちに諦めの心境になる。自助や自己責任を求める「空気」が強まっているという現実も連帯を困難にしている。

進む孤立

二〇一四年九月に千葉県の銚子市で、県営住宅の家賃を滞納し立ち退きを命ぜられた母子世帯の四四歳の母親が、先行きに絶望し中学二年生の娘と無理心中を図り絞殺してしまうという事件があった。強制執行の朝に県の職員が住宅に入ると、母親は体操着の鉢巻きで娘の首を絞めてしまっていた。

母親は前夫の借金の返済のために、自分の名義でも金を借りており、実家とも行き来がなくなっていた。元夫の養育費の支払いが止まった二〇一二年一月ごろから家賃を滞納するようになったが、さらに娘の公立中学校進学に際して、ヤミ金融から借り入れをしたことが決定的となった。母親は、制服や体操着などの費用として社会福祉協議会から限度額の一二万五〇〇〇円を借りたが、それでは足りなかったのである。ヤミ金融の取り立ては苛烈で、精神的にも追い詰められていった。

母親は、市の給食センターでパートとして働いていたが、時給八五〇円で学校の休み期間は仕事がなかったにもかかわらず、上司から「ダブルワークはだめ」といわれていた。賃金に加えて、児童扶養手当や就学援助などと併せて、一四万円ほどの収入があったとされるが、月によっては大幅に下回った。

一万二八〇〇円の家賃は、千葉県の減免制度を利用すれば、さらにずっと低額にできた可能性があったが、こうした情報はこの母子世帯にもたらされていなかった。

この母子世帯が直面した問題は、多重債務、雇用問題、心身の状況などたしかに複合的であるが、決して特殊ではない。このような困難の連鎖は、どこでも起こりうることである。だが、県の住宅局をはじめ、市の保険年金課、福祉課、子育て支援課など、この母子と関わった行政部局のいずれもがこの世帯の状況を客観的に把握していなかった。

県の住宅局は、公営住宅を所管する以上、低所得者の状況に配慮するべきであったが、住宅局もまた、この世帯を家賃未納世帯としてしか扱わず、二〇一三年七月には明け渡し訴訟を提起した。立ち退き命令が母親を決定的に追い詰めることになったことは想像に難くない。

他方で、この母親もまた、積極的にＳＯＳを発信することはなかった。この母親の裁判を傍聴した人の話によると、母親はネット上などではむしろ充実した生活を装い、その発信が終わるそばから、自殺サイトの検索などを重ねていたという。

2　日本型生活保障と排除の構造

社会的支出増大のなかの困窮化

なぜこのような事態が進行するのか。OECDのデータで見る限り、GDP比でみた日本の社会的支出(社会保障支出に相当)は増大を続けている。二〇一三年には日本の支出水準は、これまで社会保障のモデルとして仰ぎ見る存在であったイギリスを超え、福祉先進国として注目されるオランダも上回るまでになっている(図1-1)。ところがこの間、社会的支出の増大と比例するかのように、相対的貧困率も上昇している(図1-2)。

ユニセフの統計で日本とオランダの子どもの貧困率(二〇一〇年。ただし図とデータが異なる)を比較すると、日本が一四・九%であるのに対してオランダが五・九%である(ユニセフ イノチェンティ研究所・阿部・竹沢 二〇一三)。OECD統計で二〇一三年の高齢者の貧困率を比べると、日本が一九・四%であるのに対してオランダが二・〇%となっている(OECD 2015)。日本の相対的貧困率の高さが目立つ。
二〇一三年の日本の高齢化率は、二五・〇六％とオランダの一七・〇九％よりかなり高く、日本の社会的支出の増大は高齢化に引っぱられたものという面もある。実際のところ、社会的支

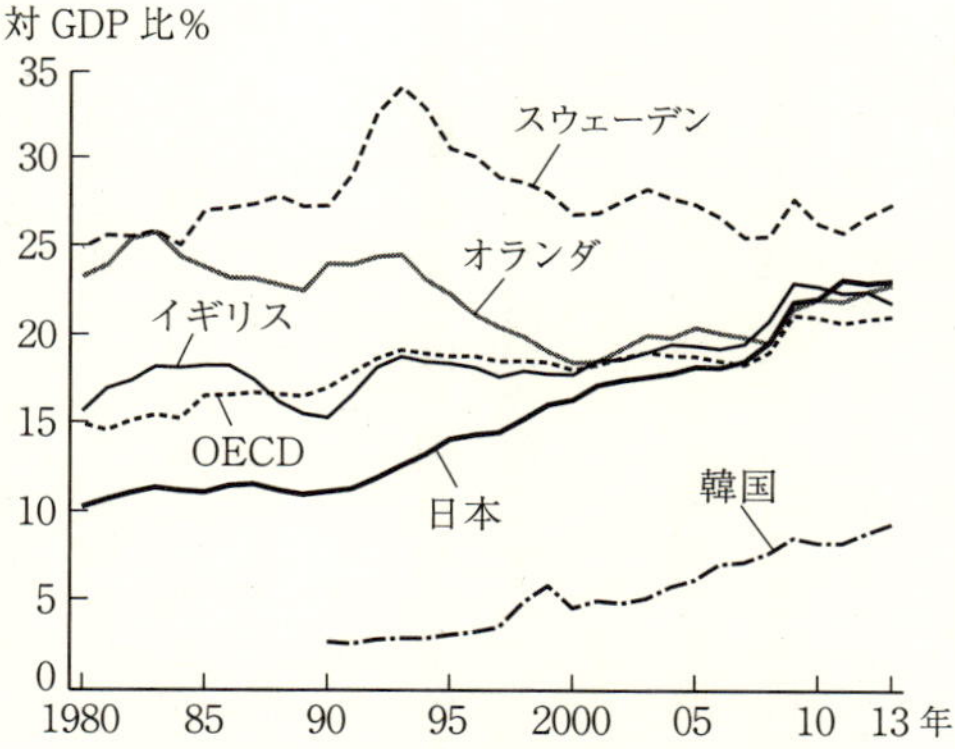

出所：OECD, Social expenditure database

図 1-1　社会的支出の増大

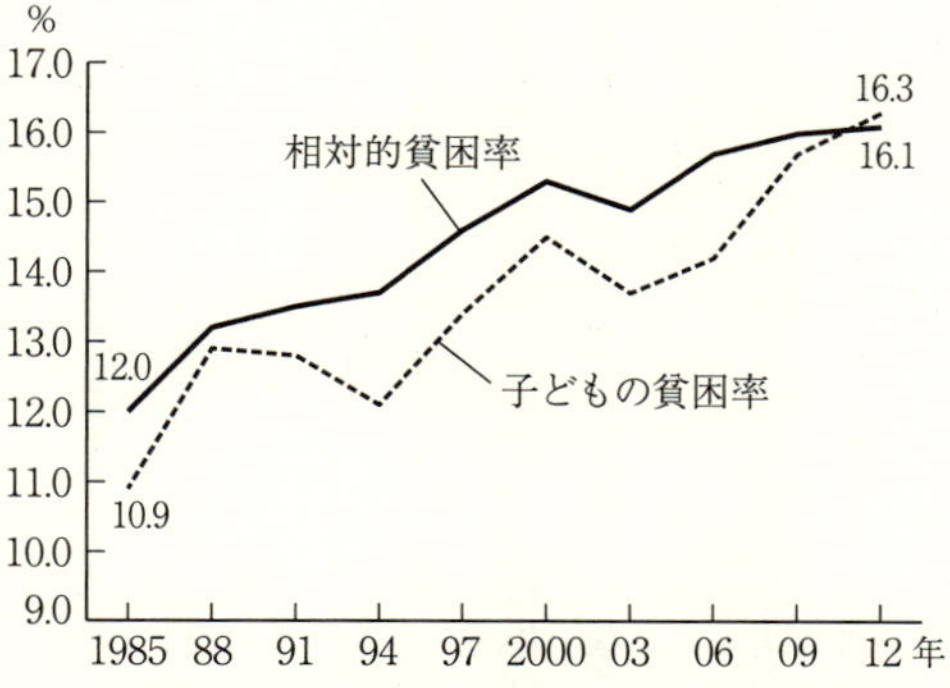

出所：厚生労働省「平成 22 年，平成 25 年国民生活基礎調査　結果の概要」

図 1-2　相対的貧困率の上昇

出の伸びといっても、比重を増しているのは、年金などの社会保険の給付である。逆にいえば、支える力を弱めている現役世代への支援はきわめて不十分なままであった。

その結果、所得再分配の前と後で、世帯間の格差を示すジニ係数がどれだけ改善されたかを見ると、六五歳以上の高齢者世帯では改善率が五二・二%であるのに対して、現役世代を中心とした「その他の世帯」では改善率は二一・〇%に留まる(厚労省「所得再分配調査」平成二六年)。推定できることは、相対的に余裕のある現役時代を経た高齢層においてのみ、年金などの社会保障給付が所得の改善に役立っている、ということである。他方で現役世代に関しては、社会保障支出が少なかったときのほうが貧困も格差も抑制されていたことになる。既存の制度と支出のあり方が、社会の現実と不適合を示しているのである。

ここで制度というのは生活保障の制度を指す。生活保障とは、雇用と社会保障を合わせた言葉である。私たちが生活していくためには、まず働くことができなければならない。そして勤労所得が不足したり中断したりする場合、社会保障給付によって生活が維持されることが必要である。また、仕事を変えたり、出産、育児、介護などと仕事を両立させるために、各種のサービス給付が不可欠となる。

まだ決して十分ではないものの、社会的支出は増大している。にもかかわらず、困窮や孤立はむしろ拡大している。この現実は、生活保障の制度転換という視点から分析され、打開の方向が検討されるべきである。

支えられてきた「支える側」

まずこれまでの生活保障のかたちを振り返ってみよう。

旧来の日本型生活保障の特徴は、「支える側」と「支えられる側」を峻別し、双方の生活のかたちを固定化させてきたことである。

これまでの「支える側」は、男性稼ぎ主を中心とした、相対的に安定した就労を確保した人々であった。これに対して「支えられる側」は、働くことができない（とされた）ゆえに、社会保障や福祉を生活の基盤とする人々であった。社会的支出が抑制されてきたために、「支えられる側」は縦割りの制度をとおして絞り込まれてきた。

生活保障の制度は、社会の現実に対応しつつ形成される一方で、いったん成立すると、人々の役割をつくりだし固定化する傾向がある。「支える側」と「支えられる側」の関係も、日本型生活保障が形成し、再生産してきた面があった。

まず「支える側」から見ると、日本型生活保障のなかで男性稼ぎ主が力を発揮できたのは、実は彼ら自身がさまざまなかたちで支えられていたからである。

男性稼ぎ主が「支える側」として力を発揮できた舞台は、まず、長期的雇用慣行と年功賃金、さらには企業内の福利厚生が確立した大企業であった。他方で中小企業や自営業においては、そこまでの安定就労や企業内福祉は期待できなかった。しかしながら、中小企業や自営業についても、その経営は第一次産業から町工場に至るまで、手厚い業界保護や金融支援をとおして守られてきた。とくに建設業の場合、先進国では異例なほど規模の大きな公共事業予算が地方の雇用をつくりだした。一九七〇年代以降の日本は、被用者の一〇人に一人が建設業で働く「土建国家」の様相を呈した。

また安定した勤労所得を得た男性稼ぎ主には、家に帰ると専業主婦の妻がいて、家事全般から育児、老親の介護に至るまで男性稼ぎ主を支えた。日本の女性の就業率は、一九六八年には五〇・一%であった。その後、先進国では例外的に専業主婦の割合が増大し、女性の就業率は一九七五年には四五%まで下がる(国土交通省『国土交通白書』平成二五年度版)。女性の就業割合が高い第一次産業人口の減少に加えて、生活保障の制度が専業主婦化を誘導した。一九六一年には専業主婦世帯の所得控除である配偶者控除が導入され、一九六七年には控除額は基礎控除と同額の一五万円に、一九八七年には三八万円になった。

「支える側」の男性稼ぎ主が、「二四時間闘える」と自負できたのは、実はこのように支えられていたからである。ただし、会社を潰れないようにしてきた業界保護や終身雇用などは、非公式な行政指導の結果であったり、民間企業の雇用慣行であったりで、公式の制度とはいいがたかった。専業主婦による家族ケアも当然の社会的慣行とされた。それゆえに、多くの男性稼ぎ主自身が（そして周囲もまた）、「強い個人」と錯覚したのである。

「支えられる側」の固定化

「支えられる側」も、保護される立場に囲い込まれてきた。

日本型生活保障の重点は、このように男性稼ぎ主雇用の安定化に置かれ、公共事業や業界保護に財源が必要であったために、社会保障・福祉のための財源は抑制されることになった。それゆえに、高齢者であれ、困窮者であれ、障害者であれ、「支えられる側」を一定の基準にしたがって絞り込むことが必要であった。

霞ヶ関と自治体を貫くようなかたちで、高齢、困窮、障害などの縦割りの制度がつくりだされたが、その主要な機能は、周囲が納得する手続きにしたがって「支えられる側」を選び出し保護することであった。

たとえば生活保護制度は、無差別平等と必要即応の原則に基づき、形式上は著しい困窮状況にある人々をただちに受け入れることになっていた。だが実態としては、その受給者はしだいに障害や高齢などによる非稼働世帯が中心になっていく。加えて、受給者には周囲から見て「支えられる側」にふさわしい生活が求められた。生活扶助の基準も「日常生活の起居動作に必要な栄養を満たす水準に抑制され、手持ち金や生活設備も限定された(岩永 二〇一一)。

とくに一九八〇年代に入ると、生活扶助に対する国の補助率の削減もあって、「水際作戦」などと呼ばれた受給申請への牽制も広がった。日本の公的扶助の受給人口は、受給者が急増しているといわれる今日でも一・六%程度であり、(制度の相違もあって簡単には比較できないが)イギリスやアメリカが一〇%に近くなっているのに比べてたいへん少ない。

また、障害者と認定される人口も一貫して抑制されてきた。人口に占める障害者の割合は、たとえばスウェーデンでは二〇%を超えているのに対して、『平成二八年版障害者白書』の基本統計に表れた数字で見ても、精神、身体、知的の三分野を合計した障害者人口は六・七%程度に留まる。障害者の各種保障の受給資格が制限されてきたことが窺える。日本の障害者福祉への支出は、GDP比で一・〇%とOECD平均の二・一%を大きく下回る(二〇一三年)。

さらに、「支える側」の男性稼ぎ主が「標準世帯」を扶養することが想定されていたことと対照的に、「支えられる側」については、「標準世帯」から外れていることが受給の条件とされることが多かった。生活保護においては扶養を受けることができないことが、児童扶養手当ではひとり親世帯であることが、保育園では（児童福祉法改正前は）「保育に欠ける」ことが求められた。介護保険においてさえ、同居家族がいると生活支援のサービスを受けることが難しくなった。

つまり、「支えられる側」は働けないこと、安定した家族をもてないことを基準に括りだされ、劣等処遇的に（つまり働いていて「標準世帯」を形成している場合に比べて優遇されることがないように）保護された。こうして、「支える側」には、家族に囲まれた「強い個人」がいて、「支えられる側」に、何か満たされるべき条件が満たされていない、孤立した「弱い個人」がいる、というかたちが生まれた。

そもそも私たちは誰もはじめからピカピカの「強い個人」ではありえない。また、「標準的な家族やつながりといったものも、もともと存在しているわけではない。見てきたように、こうした外観は制度自体がつくりだしたものなのだ。だが、いったん制度が動き出すと、「支える側」に働き続ける力と家族をつくる条件が蓄積され、「支えられる側」に困窮と孤立が定着することになっていくのである。

念のためにいえば、「支える側」「支えられる側」の二分法は日本に固有なわけではない。二〇世紀型社会保障の仕組みそれ自体に、「強い個人」と「弱い個人」を峻別する発想があった。ここでいう二〇世紀型社会保障とは他でもない。イギリスで一九四二年に発表された「ベヴァリッジ報告」に示されたような、社会保険と公的扶助を柱にした制度体系である。

二〇世紀型社会保障の構造

二〇世紀型社会保障の核となる社会保険は、人々が「強い個人」でいることができる間に「弱い個人」に転じるリスクに備える、という考え方で設計されていた。すなわち、稼ぎ手とくに男性稼ぎ主が健康で健常で若く、働いて家族を扶養できるときに保険料を拠出し、働くことができなくなったときに給付を受けるという考え方である。具体的制度としては、疾病、労災、失業、老齢などのリスクが顕在化した際に、主には現金給付で支える疾病保険、労災保険、失業保険、老齢年金などが相当する。

他方で、当初より困窮や障害などのため社会保険に加入することが困難な人々がいる。そのような、備える力なき「弱い個人」を選別して、税財源を中心とした扶助をおこなうのが、二〇世紀型社会保障のもう一つの柱である公的扶助の制度であった。

二〇世紀型社会保障の仕組みに、「支える側」と「支えられる側」の二分法が内在していたために、一九六〇年代の初めに社会保険と公的扶助の仕組みを整備した日本にも、こうした考え方が浸透したということもできる。だが、二〇世紀型社会保障は少なくとも社会保険の制度に関する限りは、「強い個人」も「弱い個人」に転化するリスクに備えて連帯しなければならないというルールが埋め込まれていた。

にもかかわらず、日本においては、社会保険をめぐる連帯の規範すら強く打ち出されることはなかった。組合健保や厚生年金保険のように、社会保険も企業や職域単位で構築され、連帯の意識は広がりを欠いた。また、こうした社会保障以上に重要な役割を果たした日本型の雇用保障の仕組みが、男性稼ぎ主をして「強い個人」として振る舞い続けることを可能にした。それゆえに、連帯してリスクに備える必要を強く感じさせなかった。

制度の「間」に落ちこんだ困難

今、この「支える側」の雇用の制度と「支えられる側」の社会保障・福祉の制度の「間」で支援が受けられず、いずれの制度からも排除されてしまう人々が増大している。

正規雇用を基礎とした生活保障の制度から外れた人々の多くは、「支える側」として力を発

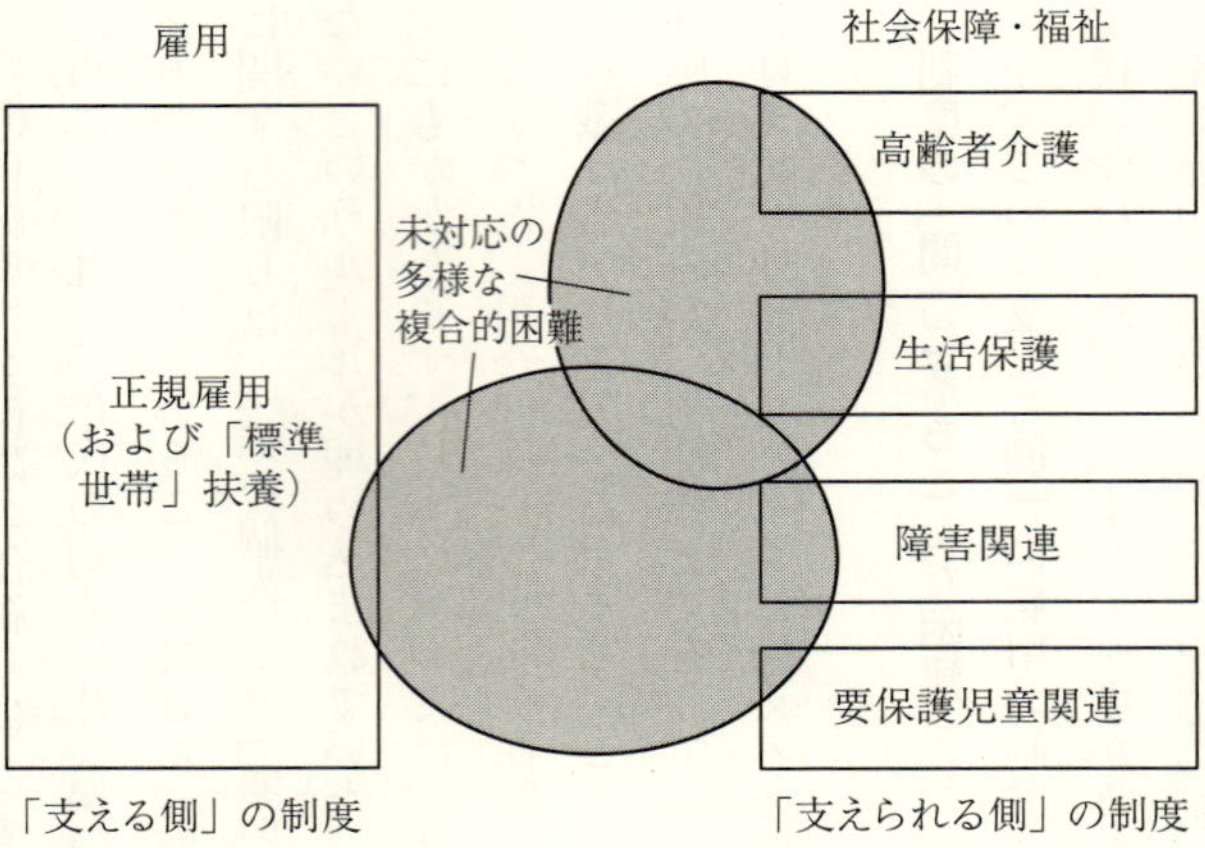

出所：筆者作成

図 1-3　制度の二元構造と「間」の困難

揮することが困難になっているにもかかわらず、その一方で「支えられる側」の絞り込みにおいては、いずれの縦割りの制度の基準にも該当しない。こうした現役世代の困窮を起点に、困窮が三世代化し世帯内で連鎖しつつあることを冒頭から見てきた。

この事態を図に示すと図１－３のようになろう。この図は、二極化した制度の間で未対応である困難が拡大していることを示している。楕円は、個人や世帯が抱える多様な困難の複合を示す。

ここで未対応の困難は、二重の意味で制度から排除されている。一方では、図１－３の左右軸における雇用の制度と社会保障・福祉の制度の「間」にあって対応されない複合的困難がある。すなわち、非正規層のように就労してはいるがそれだけでは生活が成り立たない、あるいは障害があったり高齢のため働き続けるために支援が要るなど、雇用と社会保障・福祉の連携が必要となる困難である。

もう一方では、図１－３の右側の上下軸における社会保障・福祉の諸制度の「間」にあって（あるいは諸制度を横断するために）対応されない複合的困難がある。すなわち、障害、困窮、家族の介護などが重なり合って、既存の縦割り絞り込みの制度では包括的に対処できない困難である。

正規雇用に内付けされた生活維持機能

人々は、制度の「間」で対応されない複合的困難を抱えたとき、所得の低下のみならず生活全般の不安定化に直面する。雇用の劣化と非正規化のなかで、未婚化と孤立化も進行する。正規雇用の外部に出ることは、なぜここまで連続的にかつ急速に困難の蓄積を招くのか。

それは、ヨーロッパの生活保障においてはしばしば雇用に対して「外付け」の関係にあった生活維持機能と教育機能が、これまでの日本型生活保障では、雇用に「内付け」されるかたちになっていたからである。

雇用の生活維持機能とは、ヨーロッパであれば福祉国家をとおして供給されてきた住宅や家族についての手当・サービスが、日本では企業の福利厚生や男性稼ぎ主の年功賃金というかたちで提供されてきた、ということである。

たとえば住宅については、これまで大企業の男性正社員の多くは、企業の社宅に入り、結婚を経て賃貸住宅などに移りながら、企業の財形貯蓄制度で資金を準備し、持ち家の購入を目指した。こうした階梯は郊外の一戸建て購入を「上がり」とする「住宅すごろく」にも模された。「住宅すごろく」に対応して政府の住宅政策も「持ち家中心主義」を強めた。住宅金融公庫(現・住宅金融支援機構)が資金を貸しつけ、住宅公団(現・都市再生機構)も分譲住宅供給に傾斜していった。他方で自治体が所管する公営住宅については、国の補助金が一般財源化したことなどを契機に、住宅の供給量はしだいに抑制された。公営住宅の募集戸数は一九九七年には二一万戸であったが、二〇〇七年には九万七〇〇〇戸となった。二〇一六年の熊本地震に際して、家を失った被災者が公営住宅の応募に殺到したが住戸数は足りず、熊本市中央区では倍率が九〇倍となった。

日本はこれほど自然災害が多いにもかかわらず、生活保障の制度に組み込まれた持ち家中心主義によって、公営住宅の供給が抑制された。また、ヨーロッパの福祉国家にある公的な家賃補助制度である住宅手当制度も存在しない。日本の家賃補助は、企業が正規社員に給付する福利厚生としての住宅手当と、生活保護の住宅扶助に両極化しているのである。

正規雇用に内付けされた教育機能

雇用の教育機能とは、社会のなかで役立てる知識や技能はもっぱら企業のなかで教えられた、ということである。日本では正規雇用が同時に会社という学校の入学資格でもあったのである。

ここには日本の雇用のかたちが深く関わっている。労働問題の研究者である濱口桂一郎の表現を借りるならば、日本の雇用は仕事に人がつく「ジョブ型」ではなく、人に企業が様々な仕事をその都度割り振る「メンバーシップ型」であった。したがって、予《あらかじ》め特定のジョブに対応できる教育を受けた人を採用するのは現実的ではなかった。内部でＯＪＴ(職場内訓練)や在職者向けの公共職業訓練などをとおして、必要に応じた教育をしていくこと、そのための吸収力のある人材を採用することが重要になった。

逆にいえば、正規社員としてメンバーシップを獲得していなければ、教育・訓練の対象とはなりにくい。厚労省の「能力開発基本調査」によれば、非正規社員に対して計画的なＯＪＴを実施している企業は二七・七％にすぎない(厚労省「非正規雇用のビジョンに関する懇談会」資料)。

かといって、これまで企業内の在職者訓練に依存してきた分、企業の外部で職業的知識や技能を身につけるのは容易ではない。非正規雇用の現役世代の多くが、能力開発の機会を失いつつある。

実際的な知識や技能については会社が学校になるなかで、本来の公教育はいわば素材育成型になり、職業科の学校を除けば公教育と職業生活のつながりは間接的なものとなった。経営者にとっても、公的な教育制度から得るところは小さく感じられ、公共サービス全般への信頼の低さともあいまって、税の投入先として教育の優先度は下がっていったと考えられる。日本の公教育支出はＧＤＰ比で三・五％(二〇一二年)とＯＥＣＤ諸国中スロバキアと並んで最低である。結果的に日本の公教育は、家計負担の大きな仕組みになっていった(中澤 二〇一四)。このことが子どもの貧困をより困難なものとしている。

福祉の縦割り・雇用との断絶

生活保障と教育・訓練の多くの部分が、「支える側」として正規雇用に就かないと確保されないのである。他方で、「支えられる側」のための諸制度は、困窮や孤立になぜ対応しきれないのか。

すでに述べたように、自治体の福祉の制度は、高齢、困窮、障害、子どもといった個別の属性ごとに分割されている。背後には霞ヶ関の中央官庁の補助金や制度の系列がある。こうした縦割りの制度は、生活保護の給付決定、障害支援区分や要介護度の認定など「支えられる側」を絞り込む手続きの制度でもあった。

制度の「間」のゾーンにいる人々の、困窮、障害、要介護の程度などは、既存制度の個々の厳しい絞り込み基準からすれば決定的ではないかもしれない。つまり、すぐに支援の対象となる基準を満たしていないかもしれない。

だが、それぞれとしてはすぐに支援の対象とならない程度の困窮や障害、要介護度であっても、相互に重なり合うならば、個人ごとにあるいは世帯内で、きわめて深刻な困難になっていく。にもかかわらず、こうした複合した困難は、制度横断的であるがゆえに、個々人についても十分に対応されず、まして世帯の状況というのはどの部局からも関知されない構造になっている。

本来は、こうした一連の制度が連携して、人々の社会参加を実現し、可能であれば安定した雇用につなげる必要がある。ところが自治体における縦割りの福祉部局は、互いに連携困難であるのみならず、雇用の部局とはより深く分断されている。「支える側」「支えられる側」の二分法を前提に、そもそも福祉の部局は働くことができない人々のためのもの、雇用の部局は福祉を必要としない人々のためのものとされてきたからである。

それればかりではない。「間」のゾーンにあるということは、このように支援が欠落するのみならず、自らが活用できない制度を成立させるコストのみを負担するなど、様々な不利を背負い込むことを意味する。

制度の支援を受けていなくても、逆進的で重い社会保険料負担を強いられる。たとえば国民健康保険の保険料は、年収二〇〇万円の世帯でも四〇万円近くになることがある。素材育成型で家計負担の大きな公教育は、子どもの貧困を助長する。

双方の制度からの排除

銚子市の母子世帯の事件について、ここでもう一度思い起こそう。この事件もまた、制度の「間」に追いやられ、対応されなかった困難の事例に他ならない。

母親の状況は、「支える側」として力を発揮できるものではなかった。まず有効な就労支援や補完的所得がなければ、生活を安定させるのは困難であった。市の給食センターでのパート職による月収は、児童扶養手当などと併せても、あまりに不安定であった。

ひとり親世帯に対しては、高等技能訓練促進費など、保育士や看護師の資格取得のため専門学校に通う費用を補助する仕組みもある。だが、母子世帯の母親の八割以上はすでに就労しており、子育てをしながら働き、専門学校等に通い、資格を活かした仕事に就くことは容易ではない。この母親についても同様であった。そもそも、ダブルワークを禁じられたことを含めて、この母親には雇用をめぐる正確な情報に接し、あるいは雇用について相談できる機会はきわめて乏しかったと思われる。

にもかかわらず、母子は安定雇用があることを前提として課された、旧来の生活保障の負担ばかりを背負い込んでいた。

男性稼ぎ主の安定収入を想定した高い教育費負担は、この母親にも降りかかっていた。母親がヤミ金融から借金をしたきっかけは、公立中学校の入学費用であった。資金の工面の方法はあまりに稚拙といえばそれまでであるが、公教育のためのまとまった支出が、この母子にいかに重かったかが窺える。国民健康保険の保険料も、低所得層に重い負担となる。この母子世帯も保険料は払えず、市の保険年金課から呼び出され、健康保険証を滞納者用の短期保険証へ切り替えられた。

他方で「支えられる側」の制度も、この親子に対して機能しなかった。この母子が、より安定した就労や居住を確保するまで短期的に生活保護を受ける、あるいは救護施設を利用するなどの選択肢はあったであろう。母親は、保険年金課で短期保険証に切り替えられたときを含めて、福祉課を二度訪れている。しかし、多くの自治体における生活保護の現状では、この母親のように仕事をしている場合、働けるという外面的な理由で手続きをすすめないことが多い。市の保険年金課、福祉課、就学援助を出していた教育委員会事務局、児童扶養手当を給付していた子育て支援課といったように、多様な部局がこの母子世帯と関わっていた。だが、相互の連絡はほとんどなかった。とくに住宅局は、千葉県の制度で公営住宅の家賃をさらに二〇〇〇円台にまで減免することが可能であったにもかかわらず、このことを母親に周知していなかった。

3　「強い個人」の終焉

健康と病気

「支える側」「支えられる側」の二分法が、生活保障の変容のなかで問い直されていることを述べた。だがそれだけではない。これまでこの二分法の前提となっていた、健康と病気、健常と障害、若さと老いという区分そのものが相対化している。経済社会環境の変容だけではなく、社会の成熟に伴う健康観や障害観の転換のなかで、二分法が維持できなくなっているのである。

まず指摘できることは、健康と病気という二元論が揺らぎつつあるということである。

医療社会学者の猪飼周平によれば、二〇世紀は、病気の原因をとりのぞくという意味での「治療」への期待と信認がもっとも高まった世紀であった。それは、医療制度の担い手として病院が浮上した「病院の世紀」でもあった。しかし、健康について病気を完全にとりのぞいた状態として定義するならば、今日は誰しも健康が普通であるとはいえない時代になっている（猪飼 二〇一〇）。

たとえば今、多くの高齢者は複数の疾患を抱え、そのうち高血圧、糖尿病、高脂血症などは、治癒を目指すだけではなく、慢性期における支援で患者の生活の質を高めていくことが課題となっている。病院から退院しても、まったく健康になって自宅に戻るというのではなく、介護、リハビリ、生活支援などの連携で、少しでもアクティブな生活を維持することが大事になる。

現役世代においても、癌やうつを抱えながら働き続けることはもはや珍しいことではない。二〇〇八年の癌罹患者数は約八〇万人であるが、そのうち三人に一人は就労可能年齢で罹患している。仕事を持ちながら癌の治療で通院している人は三二万人を超えている（厚労省「第二回がん患者・経験者の就労支援のあり方に関する検討会資料」)。
また、労働政策研究・研修機構が二〇一〇年に全国の従業員一〇人以上の事業所を対象におこなった調査では、六割近い事業所が職場にメンタルヘルスの問題を抱えた正社員がいると回答していて、三割はその数が増大しているとしている。健康か病気かという二者択一を超えていくことは、現役世代の支援においても重要な課題となっているのである。

健常と障害

健常と障害という対立図式も、確たるものではなくなりつつある。この二項図式の中間に、もっと多様な生きにくさのかたちがあることが、多くの人々に実感されてきた。

アスペルガー症候群など、知的発達の全般的な遅れを伴わない発達障害が認知され、その数は小中学生だけでも全生徒数の六・五%(六〇万人相当、文部科学省平成二四年度調査)と見なされる。職場でのストレスが広がり、また家族関係も多くの軋轢《あつれき》を抱えるようになり、うつ病やパニック障害などの精神疾患に陥ることは誰にでも起こりうることになった。

いわば障害が普遍化していく流れは、障害の定義の見直しにつながっている。それは、障害を個人に帰属する医学的問題ととらえる「医学モデル」から、社会の条件が整わないことが障害を顕在化させると考える「生活モデル」(あるいは社会モデル)へ視点を移していくことに他ならない。

「生活モデル」の視点からすれば、身体とこころの状態にかかわらず、すべての人々が生活できる環境の実現こそが課題である。ゆえに、個人を健常者と障害者にはっきり区分することは、積極的な意味をもたない。様々な条件を満たした「強い個人」が標準とはなりえないという認識が広がれば、そのような「標準」に近づくことを「治療」と見なすという目標設定からも自由になることができる。

北海道浦河町にある精神障害者の活動拠点「べてるの家」から生まれた「当事者研究」の流れは、健常と障害の二分法が揺らぐ時代を象徴する「治療」法であるように思える。「当事者研究」とは、障害を治し、健常者に近づくという発想自体を改めることから出発するアプローチである(浦河べてるの家 二〇〇二)。

統合失調症などの精神疾患への対応において、今日の精神医療は、しばしば過剰な投薬や入院などで、当事者が障害の根にある苦悩や苦労に直面しないようにしてきた。

これに対して「当事者研究」は、当事者が生活のなかで出会う「苦労の主人公」となり、「苦労を取り戻す」ことを目指す。むしろ当事者がその困難の根っこに向かい合い、それを克服するというより、自分の症状がどのような困難から来ているかを自ら「研究」し、困難とつきあっていくことを課題とする。つまり、困難を飼い慣らしやり過ごすという、通常「弱い個人」である私たちが皆習熟するべき手法に通じようとするのである。

若さと老い

若さと老いの境界線が不分明になりつつあることについても、広く共有された認識となっている。高齢化と平均余命の長期化のなかで、単に精神論としてではなく、活動しうる時間の長さという点から見ても、あるいは身体能力という点からいっても、老いを時間的な指標で定義づけることは困難になっている。

元・日本医科大学の長谷川敏彦は、「一〇万時間仮説」を掲げる。二〇歳から六五歳まで、一日九時間、年に二五〇日働いたとして約一〇万時間となる。ところが、六五歳から八五歳まで、一日九時間眠ったとしても、日中の活動時間が約一〇万時間になる。つまり、六五歳がゴールではなくターニングポイントになってしまったのである。

長谷川によれば、生殖の役割を終えた個体が半数以上を占める動物や昆虫の種は、生命三八億年の歴史をとおしてこれまで存続しなかった。生理的あるいは社会的な役割を超えたところに、いかに自らの新しい役割を取得していくかが問われる時代に入ったのである（長谷川 二〇一二）。

実際のところ、高齢者の身体能力も全体として向上していると見られる。鈴木隆雄らの研究では、二〇〇二年における七五歳の歩行速度は、一九九二年での六四歳の歩行速度に近い（『厚生の指標』二〇〇六年四月号）。文部科学省がおこなった「平成二五年度体力・運動能力調査」でも、高齢者の運動能力は明確に向上している。たとえば男性が六分間にどれだけの距離を歩けるかを測った結果は、一九九九年には六五歳から六九歳の男性の平均が五八八メートルであった。ところが二〇一三年では、七五歳から七九歳の平均がこれを二二メートル上回る六一〇メートルとなっている。

「強い個人」と「弱い個人」の区分を支えてきた条件が、制度の上でも社会のなかでも崩れてきている。「弱い個人」がいわばデフォルトになりつつあるが、同時に保護されるべき受け身の人々という「弱い個人」の像そのものが転換され始めている。

4　支え合いの困難と政治

地域における支え合いの困難

これまでの日本型生活保障の解体がすすみ、「支える側」と目されてきた現役世代が経済的に弱体化し、能力形成の機会を失い、社会的に孤立化している。その一方で、「支えられる側」と考えられてきた高齢世代が急増している。

一五歳から六四歳までのいわゆる生産年齢人口と六五歳以上の高齢人口の比率は、しばしば使われてきた比喩でいえば、二〇〇五年ごろは約三対一の「騎馬戦型」であったのが、二〇五〇年には約一対一の「肩車型」になると予想される。

この比喩は、日本社会の持続可能性について警鐘を鳴らそうとしたものである。だが実際には、「支える側」と「支えられる側」という関係を前提として考える限り、もはや日本社会は持続困難であることを示してしまっている。

「支えられる側」を高齢世代に限定しても、まずその生活のかたちが大きく変化している。単身で低所得の高齢者が増大している。国立社会保障・人口問題研究所の中位推計によれば、二〇三〇年には東京の六〇代の男性世帯主の世帯のうち、三割以上が単身世帯となる。単身世帯の場合、医療や介護保険への支出を引いた後の推計年金可処分所得は、二〇二五年には男性単身世帯でも二〇〇九年の女性単身世帯の水準を下回るといわれる(山本 二〇一三)。とくに男性にとって、「おひとりさまの老後」は、そのまま社会的孤立に直結しかねない。内閣府の調査では、六〇歳以上の男性単身世帯で、誰かと会話をする機会が「二〜三日に一回」以下が二八・八%に及ぶ。

さらに高齢者のなかでも、七五歳以上の後期高齢者が増大する。二〇二五年には団塊の世代が七五歳に達し、二〇一三年に一五六〇万人であった後期高齢者は、一・四倍の二一七九万人となる。後期高齢者一人あたりの医療費は、平均で年間九三・一万円と、七五歳未満の四倍を超える(厚労省「平成二六年度医療費の動向」)。さらに二〇二五年には、認知症の高齢者も七〇〇万人を超えると予想される。

ところが、こうしたなかでその「重さ」を担うべき現役世代の支える力が根本から揺らいでいるのである。非正規雇用の増大により、教育・訓練の対象から外れ、生産性の高い仕事で支える力を発揮できない若者が増大する。女性は最初の子どもを産むときに、六割以上が仕事から離れざるを得なくなっている。

「支えられる側」に送り込まれるのは高齢者だけではない。生活保護の受給者は、二〇一五年には二一七万人を超えたが、そのうち一〇〇万人ほどは現役世代に相当する。そもそも生産年齢人口と言っても、一五歳から二〇代の前半までは就労している割合は少なく、むしろ親にとってみれば、これまで見てきたように多大な教育費負担を強いられる対象である。

生活保障の解体と人口減少

地域の支え合いを困難にする人口減少自体が、生活保障の揺らぎと深く関連している。図1-4からも窺えるように、戦後すぐの第一次ベビーブームで団塊の世代が生まれ、一九七〇年代初めに、団塊の世代が結婚し子どもを産むことで、第二次ベビーブームが起きた。ところが、この団塊ジュニア世代が家族をつくる年代になった一九九〇年代の半ばに、第三のヤマは現れなかった。つまり、第三次ベビーブームは起きなかったのである。

成熟した社会で子どもの数が減るのは一般的な傾向であるとしても、この時期に人口減少の流れが確定してしまったのは、同じ時期に旧来の生活保障の解体が始まり、現役世代の経済的弱体化と社会的孤立化が進行したことに対応している。

たとえば一九九五年、当時の日経連はレポート「新時代の「日本的経営」」を発表したが、

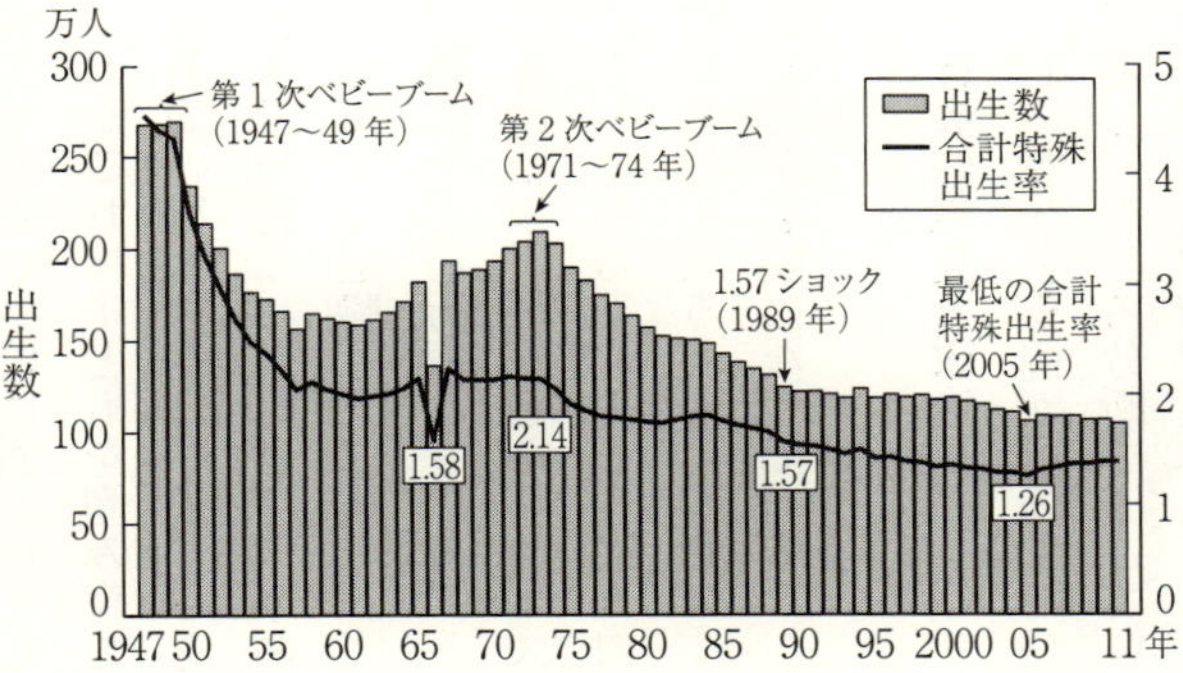

出所：内閣府『平成23年版子ども・子育て白書』

図1-4　起きなかった第3次ベビーブーム

この文書はすべての従業員に長期的雇用慣行や企業内福利厚生を適用するわけではないことを宣言した点で、男性稼ぎ主の安定雇用が終焉したことを象徴するものであった。この年から二〇〇〇年にかけて、男性正規雇用は六七万人減少した。公共事業への国の支出も、この年をピークに急速に減少しはじめる。

このことに対応して、三〇代前半の男女の未婚率は、男性は三七・三％（一九九五年）から四七・一％（二〇〇五年）へと、女性は一九・七％（一九九五年）から三二・〇％（二〇〇五年）へと急上昇する。

結婚したとしても子どもを産みにくい状況があることも旧来型の生活保障と関わる。教育費の公的支出が重視されなかったのは、会社が学校であった日本型生活保障のあり方に起因しているのは述べたとおりであるが、ＡＩＵ保険会社の試算では、養育費と併せて、すべて公立の学校に通ったとして、大学を卒業させるまでの費用は二九八五万円になる。

だがこれは子どもを産み育てるコストの一部にすぎない。女性の再就職支援の弱さや正規と非正規の賃金格差は、子どもをもつことの機会コストを膨らませている。二〇〇五年版の『国民生活白書』によれば、大卒の女性が六〇歳まで中断なく働き続けた生涯賃金と、二八歳で出産のために退職し三二歳でパート・アルバイトとして仕事を再開した場合の生涯賃金の差は、二億二一〇〇万円とされる。

その結果、子どもをもつコストは、実費コストと機会コストを併せて二億五〇〇〇万円に及ぶことになる。このように人口減少の進行には旧来の制度の歪みが影をおとしている以上、事態に対処しようとするならば、個別の対症療法のみならず、生活保障の新しい仕組みを構想することが必要になってくる。

社会的亀裂と政治

日本型生活保障が解体していくなかで、社会に亀裂が走っているが、政治はこれに受動的に対応し、むしろ分断を広げている。亀裂は、図1−3に即していえば、安定した雇用をなんとか維持している旧来の「支える側」に相当する層、「支えられる側」として生活保護などの扶助的給付を受ける層、そして双方の制度の「間」にあって、実態としては制度から排除されてしまった非正規雇用などの不安定層の三重の亀裂である。

これまでの生活保障が想定した正規雇用を軸にしたライフコースになんとか留まっている人々と、その外部にはじき出された人々の間で、相互の不信が深まりつつある。既存の制度から排除されている人々は、当然ながら旧来のライフコースのなかにある人々が既得権に守られていると感じる。だが、正規雇用に留まっている条件も以前に比べてより厳しいものになっている。

二〇一四年の年間総実労働時間はパート社員が減少傾向にあるのに対して、一般正規社員は二〇二五・六時間と一〇年前(二〇〇五年)の二〇二八時間と比べても高止まり傾向にある(厚労省「毎月勤労統計調査　平成二七年度分結果確報」)。賃金不払い残業(サービス残業)があると答えたのは、非正規社員が三〇・五%であるのに対して、正規社員では五一・九%と半数を超える(日本労働組合総連合会「労働時間に関する調査」二〇一五年)。

また、同じように困窮や孤立に直面する層のなかでも、たとえば生活保護の受給者と受給に至っていない低所得層との間にも複雑な緊張関係がある。しばしば問題とされてきたのが、最低賃金でフルタイム就労した場合の手取り賃金と生活保護給付を比較した時に、最低賃金が生活保護を下回るといういわゆる「逆転現象」である。

そもそもこの比較については、最低賃金の計算にあたっての可処分所得の設定基準などから「逆転現象」を生みやすいことが指摘されている。さらに厚労省は、二〇一五年七月の中央最低賃金審議会小委員会で、逆転現象は現時点で解消されていると報告した。にもかかわらず、低所得層の不信を煽るかのように、生活保護の扶助基準の切り下げを主張する政治家は多い。

既存制度の二極構造とその「間」に落ち込んだ困難をめぐって日本社会に走る亀裂は、本来政治が解決していくべき事柄である。だが、多くの政治家は分断を超える戦略をもたないばかりか、こうした亀裂の間で大きく揺れている。

日本型生活保障の制度の内部には、「支える側」に位置づけられてきた業界団体や労働組合などの組織された利益集団が存在している。政治はこれまでこうした利益集団に票や資金を依拠してきたが、利益集団の組織率は年々低下する傾向にある。それでは外部に新たな支持基盤を求めていけばよいかというと、非正規低所得層や母子世帯などは、政治的に組織されておらず、政治家にとっては依拠していくにはあまりに不安定な層である。

しかも、既存制度の二極構造から排除されがちなこうした層の利益を実現していくためには、本来は(本書が提起するようなかたちで)生活保障の刷新に取り組む必要がある。このように政治家が旧来の利益集団に依拠しきれなくなり、他方で生活不安定層の利益にも対処しきれない状況は、「二重のバックラッシュ」とも呼ばれる(Keman, Kersbergen and Vis 2006)。

「二重のバックラッシュ」のなかで、政治家や政党の言説はかなり無節操なものとなりがちであり、日本でも世界でも、政治のポピュリズム化の背景となっている。一方では既存利益集団などを含めた既得権批判が繰り出され、未組織の生活不安定層や凋落する中間層の取り込みが図られる。生活保護受給者や移民などは、安定した生活を維持している本来の既得権層とは対極のはずであるが、しばしば過度に保護された既得権層に括られバッシングの対象となる。他方では、政治家が利益集団を見限って生活不安定層に支持基盤を求めたとしても、その政治市場は未組織であるがゆえに支持は持続しない。ゆえに、水面下では既存利益集団への働きかけは維持され、政治資金などをめぐるスキャンダルも増す。

こうして政治は、新しい生活保障の理念とその実現への戦略を打ち出すのではなく、三重の亀裂を深め、広げているのである。

第二章

共生保障とは何か

1　共生保障の基本的考え方

共生保障とは

旧来の日本型生活保障において「支える側」とされてきた現役世代の多くが、複合的な困難を抱え、経済的に弱体化している。それでは困難を抱えた人は皆、「支えられる側」の制度に依拠すればよいのかといえば、それもまた難しい。高齢者、障害者、困窮者という属性ごとに対象を絞り込み、所定の給付をおこなうことを主な目的とした縦割りの制度は、人々をアクティブにできない。

「支える側」の雇用の制度と、「支えられる側」を絞り込む社会保障・福祉の制度が二元化したままでは、人々は、正規雇用のなかでストレスの多い長時間労働に耐えるか、縦割りの社会保障・福祉の制度に囲い込まれてしまうか、あるいは双方の制度の「間」にはまり込むか、いずれかとなってしまう。とくに、制度の「間」で対応されない困難が急増している。

現役世代の困窮化と高齢化が同時進行するなか、「支える側」と「支えられる側」の従来の役割分担で考える限り、地域社会は持続困難になりつつある。しかし、「支え合い」を支えることに公的な制度の課題を定めていくならば、新たな展望も開ける。本書がいう共生保障とは、そのような時代の、新しい生活保障のかたちである。

生活保障とひと口にいっても、年金、医療など含めて制度は幅広い。本書でいう共生保障とは、そのすべてに関わるものではない。それでは共生保障とは、いかなる制度や政策を指すのか。

第一にそれは、「支える側」を支え直す制度や政策を指す。これまで男性稼ぎ主を中心とした「支える側」は、支援を受ける必要のない自立した存在とされてきたが、「支える側」と目される多くの人々は経済的に弱体化し孤立化し、力を発揮できなくなっている。

第二に、「支えられる側」に括られてきた人々の参加機会を広げ、社会につなげる制度と政策である。そのためにも、人々の就労や地域社会への参加を妨げてきた複合的困難を解決できる包括的サービスの実現が目指される。

第三に、就労や居住に関して、より多様な人々が参入できる新しい共生の場をつくりだす施策である。所得保障については、限定された働き方でもその勤労所得を補完したり、家賃や子育てコストの一部を給付する補完型所得保障を広げる。

共生保障とはそれ自体は新しい言葉であるが、その内容は、政府の社会保障改革や地域における実際の取り組みをふまえたものである。すなわち、一方においてこの考え方は、一九八〇年代から日本で重ねられてきた社会保障改革の理念と重なっている。「支えられる側」を選び出して社会保障の対象とする選別主義からの脱却を掲げた普遍主義的改革は、さらに「全世代対応の社会保障」を目指した「社会保障と税の一体改革」へと展開していった。しかしながら、こうした社会保障改革には多くの問題点や限界があることも明らかである。共生保障はそれをどう超えようとするのか。この点はとくに本章の前半および第四章で掘り下げることになる。

他方において共生保障とは、地域におけるＮＰＯなど民間事業者と地方自治体の新たな取り組みと重なっている。私たちはこうした取り組みから多くを学ぶことができるが、それらはあくまで例外的な「好事例」に留まる傾向がある。共生保障とは、地域からの問題提起を受けとめつつ、社会保障改革の新たな方向付けにつなげる枠組みである。この点は本章の後半および第三章において取り上げる。

「支える側」を支え直す

共生保障は、これまで「支える側」であった現役世代を広く支え直し、彼ら彼女らがその力を発揮できる条件づくりを目指す。具体的にいえば、企業の外部でも知識や技能を身につけることができるリカレント教育や職業訓練、女性の社会参加を支える子育て支援、あるいは将来の支え手を育てる就学前教育などである。

このことは、旧来の雇用の場や働き方そのものの転換と連動する必要がある。すなわち、これまでであれば外部に追いやられていた人々も働き続けることができるように、仕事の内容や労働時間を調整していくことを含む。

「支える側」を支えるというと、違和感をもつ向きもあるかもしれない。だが、これまで述べてきたように、日本型生活保障において「支える側」の中心であった男性稼ぎ主も実は支えられていた。大企業の長期的雇用慣行や業界保護の仕組みなどが、彼らが力を発揮し続ける条件であった。

ただし旧来の仕組みは、企業の雇用慣行など非制度的でインフォーマルな部分が大きかった。あるいは、業界保護や公共事業など行政や政治の裁量に依っていた。またそのことと関連して、支える対象が主として男性稼ぎ主で、彼らが家族を扶養することを前提とするなど、ジェンダーバイアスの強い仕組みであった。

共生保障は、子育て支援、職業訓練、将来世代への社会的投資としての就学前教育などで

「支える側」を支え直す。これは、非制度的、インフォーマル、裁量的でジェンダーバイアスのある生活保障を、制度的、フォーマル、非裁量的でジェンダーバイアスのない仕組みに置き換えていくことを意味する。

「支えられる側」の参加機会を拡大

もう一方では、「支えられる側」とされがちであった人々が積極的に社会とつながることを支援することである。旧来の縦割りの社会保障・福祉の相互連携を強め、人々の社会参加を阻害する複合的な問題に包括的に対処していくことである。こちらは、社会保障・福祉の目標として社会参加を重視しつつ、その支援対象を広げていく転換といってよいであろう。

高齢者、障害者、困窮者等に対して、これまでも「自立支援」を謳った改革が重ねられてきた。二〇〇〇年に施行された介護保険制度、二〇〇六年の障害者自立支援法から二〇一三年の障害者総合支援法への流れ、二〇一五年に施行された生活困窮者自立支援法などの展開である。これらの施策は、高齢者の生活能力を引き出すケアをおこなったり、障害者や困窮者の就労を支援するなどして、その「自立支援」をすすめてきた。

「支えられる側」に参加機会を提供するという方向は、こうした流れと重なるところがあるが、これまでの施策をそのまま踏襲するものではない。一連の「自立支援」施策が、掲げられた理念を達成できないでいる制度的な障害、すなわちサービス供給の縦割り、支援期間中の所得保障の欠落、あるいはサービスの自己負担の大きさなどを是正することを重視する。また、より多くの人々が参加できる間口の広い雇用の場や居住のかたちを構築していくことを課題とする。

共生の場の構築

「支える側」を支え直し、「支えられる側」に参加機会を提供することは、要するに、より多くの人々が支え合いの場に参入することの支援をする、ということである。

ここで支え合いの場とは、地域の居住の場、コミュニティから就労の場まで、人々が直接、間接に相互の必要を満たし合う場を指す。居住を中心としたコミュニティについては次章で取り上げるとして、ここでは就労の場を中心に考えたい。これまで「支える側」が力を発揮する場とされてきたのは、あるいは、旧来の「自立支援」施策が人々をつなげようとしてきたのは、通常の雇用関係による一般的就労であった。

だが今日、雇用の現場はグローバルな競争への対応という掛け声のもと、これまで以上に長時間労働や過酷な労働条件がまかり通るようになっている。従来の日本的経営で男性稼ぎ主が「二四時間闘える」ような働き方ができたのは、彼ら自身が、会社や業界、専業主婦の妻などに支えられていたからであった。旧来の支えを失った彼らを、あるいはこれまで「支えられる側」にいた人々を、そのような職場に投入していくことには無理がある。

共生保障において重要なのは、こうした一般的就労の場の労働時間規制や勤務間インターバルの保障(労働時間をめぐって一定の休息時間の確保を義務化すること)などを強め、正規社員と非正規社員の間での均衡処遇を実現するだけでなく、より多様な条件の人々が働き続けることができる雇用機会を創出していくことである。以下ではこうした雇用機会について、地域で開始されている「ユニバーサル就労」や「支援付き就労」という取り組みから考えていく。さらに新しい居住の場や共生型の福祉の場に関しても、地域の経験を集約していく。

社会的投資と包摂の新段階

以上のような共生保障の内容は、各国に共通する改革動向とも重なる。

まず、「支える側」を支え直すというのは、ヨーロッパの社会保障改革において社会的投資(ソーシャル・インベストメント)と呼ばれてきた考え方に近い。社会的投資とは、現役世代の就労を難しくしている知識や技能の欠落、介護や育児の負担に対処し、保育をとおして子どもたちの基本的能力を育成することを含めて、社会保障・福祉に人的資本に対する投資的効果を併せ持たせることである。

他方で「支えられる側」の参加機会を広げる、というのは、社会的包摂(ソーシャル・インクルージョン)と呼ばれてきた考え方に連なる。ヨーロッパでも、公的扶助(生活保護)を受けている人々や、そのような扶助も得られずに排除されたままである人々、さらには高齢や障害などの理由で社会から切り離された人々を、社会につなげることが目指されてきた。

だが、ヨーロッパの社会的投資論からも社会的包摂をめぐる議論からも、既存の労働市場や雇用のかたちをそのままにして支援をすすめても、期待された社会のかたちは実現しないという指摘が広がっている。

イギリスの政治学者C・クラウチは、社会的投資という考え方を支持する立場からであるが、イギリス労働党の「第三の道」政策のなかで唱えられていた社会的投資論は、経済や雇用についてのあまりに楽観的な見方を伴っていたと指摘する。グローバルな市場が広がるなかで、先進国では生産性が高く処遇がよい仕事が増大すると仮定した上で、そこで人々が活躍できるように教育訓練をおこない、保育・介護サービスで働く障害を除去すれば、万事うまくいくとする考え方であった。

しかし実際には、増大している雇用機会は、生産性の低いサービス部門などが中心である。雇用の不安定化のなかで、これまで以上に労働者を直接に支援しその権利を擁護する施策の重要性が増している。クラウチは、こうした権利擁護型の施策とも連携し雇用の質を確保していく社会的投資を社会的投資マークⅡと呼ぶ。

社会的包摂についても同様の視点からの見直しが求められている。アメリカの犯罪社会学者J・ヤングは、社会が排除的であるままで社会的包摂を繰り返しても、結局は排除をすすめてしまうとして、このような社会を摂食障害になぞらえて「過食症社会」と呼んだ。

多様な人々が働くことができる雇用の場を確保・創出することなく、社会的包摂をすすめても、排除のための包摂という病理を広げてしまうのである。家族生活との両立が困難な働き方が求められ、苦しさを吐露すれば退職勧奨されてしまうような職場に「包摂」するというのは、たしかにヤングが指摘するように排除のための包摂といわざるを得ない。

共生保障の考え方は、ヨーロッパにおけるこうした旧来の社会的投資論、社会的包摂論への反省やそれらの発展型と重なっているといってよい。

2　「一億総活躍社会」と共生保障

「一億総活躍社会」をどう見るか

共生保障と似通った、「全員参加」を奨励する議論は近年よく耳にする。社会的包摂という言葉も、政権を問わずしばしば掲げられるようになった。

民主党政権時には、官邸に「一人ひとりを包摂する社会」特命チームが置かれ、「社会的包摂政策に関する緊急政策提言」（二〇一一年八月）がとりまとめられた。第二次安倍政権時の「一億総活躍社会国民会議」でも社会的包摂が論じられ、二〇一五年一一月にまとめられた「一億総活躍社会の実現に向けて緊急に実施すべき対策」では、「みんなが包摂され活躍できる社会」が打ち出された。

しかしながら、社会的包摂（あるいは社会的投資）という言葉で、具体的にどのようなことが目指されているかは、実は曖昧なままであり、包摂とは何かというその基準については、理解はかなり食い違う。

一方では包摂を一般的就労とほぼ同義に考える立場があり、しばしば就労動員型の包摂論が展開される。安倍政権の「一億総活躍社会国民会議」の議論は、一貫性を欠く多様な論調から成り立っているが、「みんなが包摂され活躍できる社会」に向けた基本的な施策をみるかぎり、雇用に一直線に向かわざるを得ないような、就労動員型の包摂論に接近している。

「一億総活躍社会の実現に向けて緊急に実施すべき対策」では、経済成長で六〇〇兆円のGDPを実現し、その果実を用いて保育と介護のサービスを整備し、女性の就労を拡大し介護離職をゼロにする、という。このように、就労を妨げる障害を除去することは強調された。しかし、雇用の劣化を防いだり、雇用から離れて知識や技能を高めていくなどの提起は見られなかった。

こうした批判が広がったこともあり、二〇一六年六月に閣議決定された「ニッポン一億総活躍プラン」などでは、「働き方改革」が打ち出されるようになった。「働き方改革」においては、非正規雇用の処遇改善と同一労働同一賃金の実現、最低賃金の引き上げなどが目指される。しかし、前章でも述べたように、人に仕事がつくメンバーシップ型雇用を軸とする日本で、ジョブ型雇用を前提とした同一労働同一賃金をいかに導入していくかは明らかではない。同一労働同一賃金に近いのは非正規雇用の世界であることを考えると、最低賃金の引き上げを含めて、正規と非正規の雇用の分断を、非正規の処遇に近づける方向で収斂《しゅうれん》させていく展開となる可能性もある。

こうした包摂論への反発もあり、他方では包摂とは、何らかのコミュニティに属しそこに居場所を得ることでよい、という議論もある。「支えられる側」として括られがちな、多様な困難を抱えた人々を社会につなげる場合、いきなり積極的な参加を求めるのは無理な場合も多い。だが、旧来の福祉的就労や施設居住のその先に、地域社会との連結をどう展望するかは、具体的に構想されるべき課題である。

このような二つの包摂あるいは活躍の基準に対して、共生保障が、人々をアクティブにして支え合いを支える、とはどのようなことを意味するのであろうか。二つの点を強調したい。

第一に、共生保障における包摂あるいは活躍とは、「支える側」の男性稼ぎ主の長時間労働や、あるいはより劣化した非正規雇用のかたちを基準として、制度の外部にはじき出された人や「支えられる側」に括られた人々に、そのような働き方や暮らし方を求めることではない。本書でこれから検討するユニバーサル就労や地域型居住のように、より多様な働き方、暮らし方を可能にして、雇用全般の劣化についても歯止めをかけた上で、人々の参入を支援することである。

第二に、共生保障が目指すのは、そのような新たな働き方、暮らし方を含めて、人々を投入して終わり、ということではない。たとえば身体やこころが弱ってしまった状態から支援を得て就労を実現した後も、また必要が生じれば身体とこころを回復するためのケアに戻ったり、あるいはよりアクティブに社会に関わるために職業訓練を受けたりと、社会のなかで(活発に)行き来ができることが大事である。共生保障における包摂や活躍とは、ある状態というより双方向的なプロセスである。

「交差点型社会」の条件

図2-1は、かつて『生活保障　排除しない社会へ』(岩波新書)で用いた、新しい生活保障のモデルを、さらに改訂したものである。もとはドイツの労働経済学者G・シュミットのモデルに由来する(Schmid 2002)。これまでの議論をこの図を用いて整理したい。

この図の中心にあるのは、雇用あるいは居住を軸とした、地域の多様なつながりをとおしての共生の場である。二〇一五年度の「労働力調査」では、全就業者のうち雇用されているものが八八・五%に達しており、この図ではひとまず就労を雇用と考えている。ただし一般的就労のみならず、以下で述べるユニバーサル就労のような働き方も大事になる。さらに次章で掘り下げる新しい居住やコミュニティのかたちも共生の場として重要である。

共生保障においては、すべての人々に関わる社会保障・福祉や雇用の施策によって、人々が職場や地域のなかで力を発揮することを支援する。そのためにまずは、教育、家族、失業・離職、身体とこころの弱まりという多様なステージから雇用に移行できること、他方で必要に応じて、離職して改めて雇用以外のステージに立ち戻れることが大切である。

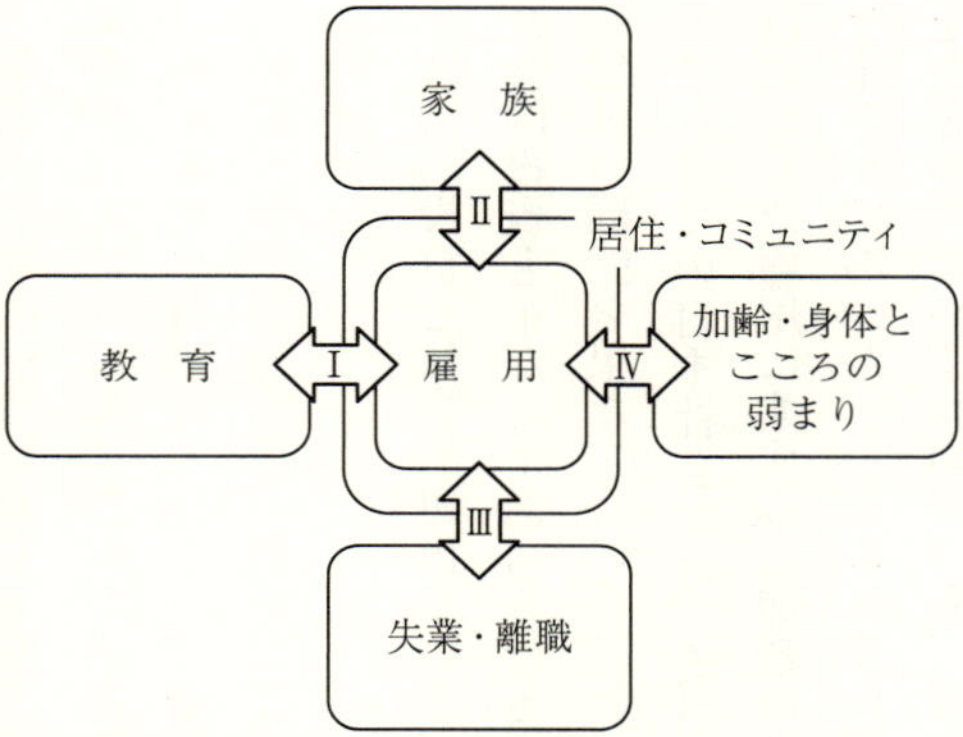

出所：Schmid(2002)の図を大幅改訂

図2−1　交差点型社会と4つの橋

図2−1に沿っていえば、雇用を軸にした共生の場に四つの橋が架けられている。

いったん仕事に就いた後に、給付型の奨学金で教育を受け直すことができることは、自らの資質に合った仕事を選択し、支え合いのなかでより大きな力を発揮するための条件でもある(Ⅰの橋)。

家族のケアをしながら働き続けることを可能にする保育(就学前教育)や介護のサービスは、生活水準を大きく下げることなく休職できる育児・介護休業制度と連携しなければならない(Ⅱの橋)。

失業から雇用への移行を支援する職業訓練やリカレント教育が利用できるということは、その期間は何らかの所得保障があることが大事な条件となる(Ⅲの橋)。

加齢あるいは癌やうつなどで身体とこころが弱まっても働き続けることができるためには、短時間労働や業務内容の調整など、多様なかたちで仕事に関わる条件が確保される必要がある(Ⅳの橋)。

社会的投資と社会的包摂という言葉に対応させると、ⅠとⅡの橋は「支える側」を支え直す社会的投資と重なるであろう。またⅢとⅣの橋は、「支えられる側」をアクティブにする社会的包摂の機能を果たすということになろう。

これまでの日本社会では、素材育成型の教育を終えて、生活維持機能と教育機能を「内付け」にした雇用にすすみ、加齢によって退職し社会保障(年金)に依拠するのが一般的なライフサイクルであった。一部の人々は働けないことを前提に縦割りの社会保障・福祉に依るコースをたどった。いずれの場合も、図の左から右へすすむ「一方通行型」の社会であった。

「一億総活躍社会」の議論は、皆が活躍できる社会を掲げてこの「一方通行型」を改めることを提起する。ただしそこに窺える発想には、これまで進行方向を上にハンドルをきり家庭に入っていた女性、年金給付が不十分な高齢者、生活保護を受給する困窮者などを、雇用の場に送り込もうとする傾向がある。これは、「出口なきロータリー型」ともいうべき就労動員社会への接近である。

本来ロータリーとは、十字路の交点にある円環状の道路で、方向を変えて出て行くためのものである。だがこの場合は、家族、退職後、失業などの各ステージから劣化した雇用に誘導され、いったん働き始めると出て行くことが困難なままグルグル回り続けることになる。つまり、「出口なきロータリー型」というわけである。これに対して共生保障が目指すのは、雇用とその外部を行き来できる「交差点型社会」である。これまでの社会的投資、社会的包摂戦略の問題点もふまえつつ、生活か雇用かではなく、双方を架橋するかたちの包摂を目指すということである。

「失業なき労働移動」のリスク

「支える側」「支えられる側」の二分法を超え、交差点型の社会を構築してきたのは、スウェーデンなど北欧の国々であった。スウェーデンは高福祉高負担で知られるが、その社会保障や福祉は、「支えられる側」に括り出された人々を保護する手段ではなく、すべての人々の活動と支え合いを支えるものであった。それゆえに、社会保障と福祉に大きなコストをかけたスウェーデンが、二〇〇〇年以降の経済成長率では一貫して日本を上回ってきたのである。

だが今日、日本で共生保障を目指すというとき、かつてのスウェーデンと比べて、雇用の状況や人々が直面する困難のあり方が大きく異なることを忘れてはならない。スウェーデンの経験を日本に活かそうとするならば、二点において重要な修正が加えられる必要がある。

第一に、図2-1の中心の雇用の場のあり方である。かつてのスウェーデンにおいては、良質な保育や介護のサービスで「支える側」を支え、積極的労働市場政策などで就労支援をおこなうならば、雇用それ自体に関しては生産性が高い処遇のよい仕事が自然に増大していく、という前提があった。

だがこれは、少なくとも今日の日本に(そして今日のスウェーデンにも)当てはまることではない。グローバルな市場競争の強化やICT(情報通信技術)の高度化によって、雇用の劣化と不安定化がすすんでいる。このようななかで、安定雇用を実現する手段抜きに無理な労働移動ばかりを奨励しても、むしろ生活基盤が瓦解してしまう。

ところが今日の日本においては、「失業なき労働移動」という一見かつてのスウェーデンと似通った政策理念のもと、「強い個人」のサバイバル・ゲームが追求され始めている。

「失業なき労働移動」とは、二〇一三年の初めから政府の産業競争力会議で打ち出され、同年六月に閣議決定された成長戦略「日本再興戦略」に導入された考え方である。この考え方によると、これまでの雇用政策は「行き過ぎた雇用維持型」であった。今日これを、「成熟産業」から「成長産業」への「労働移動支援型」に転換していくことが大事とされる。そのために、雇用を維持した企業への補助であった雇用調整助成金を減額し、労働移動を実現した企業に対する労働移動支援助成金に置き換えていくことが目指される。

二〇一六年には、この労働移動支援助成金が一部の人材会社によって「リストラビジネス」に活用された事実も判明した。すなわち人材会社が、企業にこの助成金を活用して「コミュニケーションに問題がある」「会社に対してのロイヤリティが低い」といった「戦力外社員」の洗い出しを勧め、社員に退職を受け入れさせる方法についてコンサルティングをおこなっていたことが報道されたのである。こうした対象に上がる社員は「ローパー（ロー・パフォーマンス）社員」と呼ばれた。

企業は業務命令として「ローパー社員」を人材会社の再就職プログラムに参加させ、人材会社は、硬軟様々な方法で当人に退職を受け入れさせ、賃金などが大幅に低下する別の職場への転職を実現する。このように「ローパー社員」狩りが横行し、「強い個人」を装い続けなければ追い出される職場は、共生保障の考え方とは到底相容れない。今求められているのは、逆に図の中心の雇用の場に、もっと多様な働き方が可能な開かれた職場をつくりだしていくことなのである。

市民社会のイニシアティブ

スウェーデンの経験を生かす際に求められる第二の修正は、「橋」を架ける主体についてである。スウェーデンにおいて、「支える側」を支え「支えられる側」の参加機会を広げる施策は、行政を中心に、そしてその限りでは縦割りで運用されていた。つまりⅠからⅣの橋を架けるのは、主要には国と自治体であった。

たとえば失業を雇用や社会につなぐⅢの橋を架けるのは、雇用庁が所管する積極的労働市場政策であった。自治体に設置された職業案内所の門を叩くことで、手厚い職業紹介や職業訓練のサービスを受けることができた。あるいはⅣの橋も、障害者を二万人以上雇用する政府出資企業サムハルや行政の障害者向け訓練サービスなどで構成されていた。スウェーデンでは、人口二万人くらいの小規模な自治体が多いために、柔軟な制度運用で縦割りの弊害が抑えられてきたともいえる。

だが、本書が見てきたような今日の日本の状況を念頭に置くと、人々が抱え込んでいる困難

表 2-1　4つの橋をめぐる政府と市民社会の役割分担例

	社会サービス・規制	所得保障	市民社会
I	リカレント教育	給付型奨学金	フリースクール等
II	保育(就学前教育) 介護サービス	育児・介護休業手当	NPO法人「フローレンス」等
III	積極的労働市場政策	求職者手当	こみっと(藤里町社会福祉協議会)等
IV	地域包括ケア 障害者福祉サービス	在職老齢年金 最低保障年金	NPO法人「ふるさとの会」等
雇用	在職者訓練・労働時間規制等	給付付き税額控除	社会福祉法人「生活クラブ風の村」(ユニバーサル就労)等

出所：筆者作成

は複合的で、行政中心の画一的サービスだけで対処していくことは難しい。たとえば、ひきこもり状態にある若者が、職業訓練や職業紹介のサービスだけで就労できるかといえば、容易《たやす》いことではない。スウェーデンとは異なり、NPO、社会福祉法人、協同組合など、民間事業体と連携した多様な取り組みが求められる。

表2－1は、「支える側」を支え直し、「支えられる側」に参加機会を広げる四つの橋について、国・自治体と市民社会の役割分担の一例を示したものである。

たとえばIIの橋としてあげたNPO法人「フローレンス」は、自治体などにはハードルが高い病児保育について、利用者がリスクを分担するかたちでサービスを提供するモデルを開発したことで知られる。皆が交差点を行き来できるためには、多様なニーズに柔軟に対処できる民間のサービスが、ただし高額の利用者負担を求めることなく公的な財源を基礎に提供されることが不可欠となる。

表の他の市民社会欄には、Ⅲの橋に関わる秋田県藤里町社会福祉協議会、Ⅳの橋を中心としたNPO法人「ふるさとの会」の活動、新しい雇用のかたちについての社会福祉法人「生活クラブ風の村」のユニバーサル就労を例示した。これらについては、以下で順次取り上げていこう。

3　地域における共生保障の模索

(1) 藤里町社会福祉協議会

藤里町の共生への取り組み

本書がいう共生保障は、抽象的な理念やモデルではない。今日の日本で、地域における多様な実践をとおして、その一部はすでに現実のものとして現れつつある。逆にいえば、共生保障という考え方は、こうした現実の取り組みから抽出したものでもある。

もちろんこれらの事例は、旧来からの国や自治体の制度のなかで取り組まれ、その制約を受けている（この制約については詳しくは第四章で検討する）。こうした制約と格闘する自治体関係者や民間事業者の手腕に依存した面が大きいのである。

この先、社会サービスや所得保障をめぐる国の制度転換が伴わなければ、先駆的な事例が各地に広がり、定着していくことは難しい。にもかかわらず地域の実践は、現行制度のなかでも共生保障への接近が可能であることを物語ると同時に、大きな制度転換につながる動きがすでに始まっていることを示している。

支え合いを支える新しい取り組みとして、最初に取り上げたいのは、秋田県藤里町の社会福祉協議会によるものである。

藤里町は、秋田県の北端、白神山地の麓に位置する人口三六〇〇人ほどの小さな町である。同町における取り組みは、現役世代のひきこもりに率先して取り組んだ事例として、メディアにも紹介されてきた。しかしその意義は、もう少し広く解すべきであろう。ここでの挑戦は、旧来の社会保障と福祉が対象外としがちであった現役世代の支援に取り組み、失業や身体とこころの弱まりに起因する困窮や孤立状況を打開しつつ、これを町の活性化につなげようとしたのである。図２－１でいえば、縦割りの制度を連携させる取り組みで、ⅢおよびⅣの橋を架け、併せて新しい雇用を創出していったことになる。

この町の社会福祉協議会が、共生保障の理念と重なる実践に乗り出すことになったきっかけは、他の市町村における社会福祉協議会と同様の、従来型の福祉サービスを提供するなかでであった。とくに、高齢者の介護保険事業で各世帯を訪問するときに、高齢者を介護する世帯に、ひきこもってしまった別の家族の存在が見えてきた。

そこで社会福祉協議会が二〇一〇年から全戸を対象にひきこもり状態にある人々を調査したところ、一八歳から五五歳までの全町民のなかで一一三名がこれに該当したのである。この場合ひきこもり状態の基準となったのは、定職を二年以上持っておらず、家族以外との交流がほとんどないことであった。

一人暮らしの母親のもとに、都会で仕事を失った息子が帰ってきてそのままひきこもってしまったというような、日本社会の変化を象徴するようなケースもあった。年齢構成では、一八歳から二九歳が三〇名、三〇歳から三九歳が三一名など若い層も多く、男女では男性が七五名と多数であった(藤里町社会福祉協議会・秋田魁新報社共編 二〇一二:一五二)。現役世代の男性というのは、既存の制度の「間」に最も落ち込みやすい人々である。

ここで注目しておきたいのは、藤里町の社会福祉協議会は、もともと「支える側」「支えられる側」の二分法を超える取り組みを打ち出していたことである。同町の社会福祉協議会の菊池まゆみ事務局長（当時）は、かねてから「弱者を支援するという発想の限界」（菊池　二〇一五：四四）を感じていた。

そこで菊池さんらは、秋田県の社会福祉協議会が提起した「地域福祉トータルケア推進事業」をすすめ、藤里町地域福祉活動計画「でらっとプラン」を策定するなかで、特定の限られた弱者のための福祉ではなく、すべての人の福祉ニーズに応える体制で地域を活性化していくことを目指すようになった。「でらっとプラン」では、社会福祉協議会が行政の縦割りを超えた総合相談の窓口をつくることを提起した。その上で、高齢、障害などの制度化されたサービスを横断的に運用し、さらに制度化されていない地域の人々の自発的活動ともつなげて、高齢者や障害者の社会参加を支援するかたちを整えた。

菊池さん自身の表現を借りれば、「高齢者や障害者等の弱い部分や不足の部分のある人・弱者に対して、支援の手を差し伸べる優しさを地域に求めたまちづくり」からの脱却であった。そこから、「高齢者や障害者等の弱い部分や不足の部分を補い支援することで、彼らの力を活かせるまちづくり」への転換を図ったのである（菊池　二〇一五：八三）。

社会保障改革を活かす

ここで興味深いのは、藤里町におけるこうした取り組みのなかで、二〇〇〇年前後からの社会保障改革が打ち出してきた諸制度や理念が活かされたことである。

介護保険制度の導入や障害者自立支援法(現・障害者総合支援法)など一連の社会保障改革においては、しだいに「支えられる側」の自立を支援するという考え方が強調されるようになってきた。ところが、財源不足や自治体の縦割り制度の制約、とくに福祉部局と雇用部局の分断などから、多くの自治体では自立のための支援は不十分で、こうした改革の趣旨はスムーズに実現せずにいた。

だが、もともと「支える側」「支えられる側」の二分法を超えるまちづくりを目指してきた藤里町では、新たに導入された施策を地域福祉計画でインフォーマルなサービスにうまくつなげながら、共生保障のかたちの実現に活用したのである。

たとえば、介護保険制度の地域包括支援センターと障害者自立支援法の指定相談事業を受託し、高齢者、障害者の縦割りを超える総合相談の窓口をつくった。そして介護保険に関連しては、「シルバー人材センター」を改組し、前期高齢者などが活躍するための「シルバーバンク」を立ち上げた。介護保険の導入に伴い、庭仕事や買い物などこれまでおこなってきた生活支援がサービスから外されることに対応しての、地域の支え合いの再編であった。

ひきこもり一一三名が認知された衝撃というのは、こうした支え合いのまちづくりに取り組み始めた最中に起きたのである。そしてそれまでの取り組みを改めて体系化し、前にすすめるきっかけになったのがひきこもり問題であった。

菊池さんは当初は、高齢者向けのデイサービスなどに倣って、ひきこもりの若者のためにサロンのような居場所をつくればよいと考えたという。ところが、支援対象として考えてきた若者が、社協の職員採用に応募してきたなどの経験から、彼ら彼女らを弱者と決めつけ腫れ物に触るように扱うことは正しくないし、また彼ら彼女らもそれを望んでいないことを確信する。

「ひきこもり」で町おこし

ここから、共生保障型の地域福祉を目指してきた藤里町社会福祉協議会の本領が発揮される。社会福祉協議会は、二〇一〇年に「こみっと」をオープンする。「こみっと」とは、障害者自立支援法(当時)の指定相談支援事業所、就労継続支援B型事業、雇用保険を受給できない人のための基金訓練事業、ひきこもり対策推進事業、民間財団の助成金などを組み合わせた総合的な支援事業を担うセンターである。

福祉の拠点「こみっと」の外観（秋田県藤里町）

「こみっと」とは社会に関わるという意味である英語のコミットメントと、しみじみ交流することを意味する秋田弁とをかけあわせたものだという。このセンターは、既存の縦割りの制度を、行政の外部で連携させる試みでもあった。菊池さんは、藤里町が小さな過疎の町だから縦割りを克服できたわけではないという。小さな自治体ほど、少人数で囲い込む縦割りは強固になりがちだからである。藤里町では、縦割りの制度を強い民間のイニシアティブで連携させたのである。

新たな支援対象は現役世代であった。したがって次の課題となったのは、働けない人々のためであった福祉を転換して、有効な就労支援をおこなっていくことであった。ここで、介護保険改革などで先行的に実施していたシルバーバンクの経験が活きることになった。

「こみっと」の場合、その中核になるのが「こみっとバンク」であった。この「こみっとバンク」は、社会復帰を目指す利用者を登録して体験的就労に派遣する人材センターで、シルバーバンクをさらに発展させるかたちで開始された。ただし当初の派遣先は、藤里町の社会福祉協議会がおこなう施設内の食堂、高齢者向けの配食サービス、介護施設における清掃業務などに限定されていた。

地域に密着した雇用機会をいかに実現していくかが問題であった。ここから藤里町そのものの町おこしにつながる特産品づくりへの挑戦が始まった。それは白神山地の名産のまいたけを使ったキッシュの製造販売であった。試行錯誤を重ねて、ワインとも相性のよい上質なキッシュを完成させ、通信販売のルートにも乗せたのである。これはヒット商品となったが、その製造や販売をおこなったのが、ひきこもっていた若者たちであった。さらに「こみっとバンク」は地元の商店での就労体験事業なども実施していく。

町の財政に現実に貢献するような事業を、ひきこもっていた若者の力で達成したことは、驚きをもって受け止められるかもしれない。だが逆にいえば、このような町おこしを支える事業であったからこそ、自己有用感を確認できる機会となり、若者たちを本気にしたともいえる。町おこしの真剣勝負だからこそ、ひきこもりの支援として効果的だったのである。

藤里町の事例は、「支える側」の人々のニーズも地域福祉でくみ上げつつ、同時に「支えられる側」と目されてきた人々をアクティブにしていくアプローチとして多くの示唆を含む。

興味深いのは、こうした仕組みをつくっていくにあたって、菊池さんが神経を遣い続けたことの一つが、社会福祉協議会の職員が支援の対象となる人々にかける言葉や態度であったということである。菊池さんは「こみっと」の創設時は、事務局長以下三人の限定された職員以外の職員に、「こみっと」の登録生に相談支援をすることを禁じることとすらした。職員たちが福祉のプロであるからこそ、支援の対象となる人たちを「支えられる側」として扱ってしまうことを強く懸念したのである。とくにひきこもっていた若者たちに関しては、旧来の福祉の発想で接することからその可能性を潰しかねないと菊池さんは考えた。

彼ら彼女らは、たしかに活躍の場を得ることができないでいるが、基本的には様々な能力をもった当たり前の若者たちだからである。藤里町の取り組みは、このような旧来の制度の「間」に落ち込みかねないニーズに積極的に対応し、町おこしにつなげたものであった。

(2) NPO法人「ふるさとの会」

路上生活者支援からの出発

共生保障は、共生関係を支えることを制度化しようとする。だが本来、人々が共生し支え合うことは、誰が支えて誰が支えられるか、混然一体となった重層的な関係である。共生関係を支えるとは実際にはどういうことなのか。

東京都台東区、新宿区、墨田区などを中心に活動するＮＰＯ法人「自立支援センター　ふるさとの会」の活動は、「支える側」と「支えられる側」が入れ子型に重なり合うかたちをつくりだし、支え合いを支えるということについて、具体的なかたちを示している。

同会は、一九九〇年に高齢路上生活者の支援サークルとして活動を開始し、一九九五年には「高齢路上生活者自立支援センター」を立ち上げた。政府の社会保障改革が高齢者や障害者の自立支援を掲げる前から、地域を舞台に、困難を抱えた人々の生活自立支援にいち早く取り組んできたことになる。

その後、一九九九年にＮＰＯ法人となった同会は、「認知症になっても、がんになっても、障害があっても、家族や金がなくても、地域で孤立せずに最後まで暮らせるように」を目標に支援事業を展開してきた。支援の主な対象は、困窮、精神障害、認知症、発達障害などを抱えた高齢者および若年層である。ゆえに同会の支援事業が依拠する制度も、生活保護、無料低額宿泊所、軽費老人ホーム、精神障害者グループホームなど多様である。

行政の外から、縦割りの制度を連携させながら、「支える側」「支えられる側」の二分法を超えた新しい支え合いのかたちを創出してきたという点で、「ふるさとの会」の活動は、藤里町の経験と重なり合う。

「ふるさとの会」の特徴は、高齢者の生活支援を、同時に現役世代の就労支援の場として設計してきたことである。図2－1でいうならば、Ⅲの橋とⅣの橋を連携させて架けつつ、同時に新しい雇用の場を構築してきたものということができる。

支援付き就労で生活支援

同会は、二〇一六年四月段階で一一八三人の高齢利用者を支援する事業で、二八九人の現役世代の雇用をつくりだしている。そのうち一一五人は、自らも就労に困難を抱えていた人々で、彼ら自身が「ふるさとの会」の支援や生活保護を受けながら、高齢者の支援をする。同会はこのことを「ケア付き就労」と呼ぶ（本書では「支援付き就労」という言葉を使う）。

同会の居住施設である自立援助ホームで、自身も支援を受けながら働く渡辺真一さん（仮名）は三九歳。建設現場などで働いてきたが、職場での関係に悩み、かつては路上生活も経験した。渡辺さん自身が利用者として同会の居住施設に入居してからも、二回ほど薬のオーバードーズ（過量服薬）で病院にかつぎこまれたという。そのような渡辺さんに、「ふるさとの会」はスタッフに加わり働くことを勧めた。

現在は、同会の自立援助ホームでキッチンの手伝い、配膳を中心に入居者の服薬のチェックなどもしている。渡辺さんは「過量服薬でかつぎこまれた自分が、人の服薬のチェックなどしてよいものか」と真剣に思ったという。

けれども、やさしい雰囲気の渡辺さんは高齢の入居者からも評判がよく、感謝の言葉をかけられることもしばしばで、この環境が渡辺さんにどんな薬でも得られなかった安心感をもたらした。子どもの時の経験も振り返りながら、渡辺さんは「ほんとうに、初めて家族的な関係を経験した」と言葉を強める。

生活保護を受給しながらの就労である渡辺さんにとって、働いて得た所得は生活扶助が減額されて大きな見返りにはならない。しかし「それはあまり気になりません」と渡辺さんはいう。現在は、介護ヘルパーの資格をとりたいと考えているという。

生活支援と居住確保

支援付き就労を含めて生活支援のサービスが提供されることは、空き家の活用などによる高齢者の居住確保につながる。居住費用が高騰している東京でも、空き家率は一一・一％と高くなっている。都市部の家屋の権利関係は複雑な場合も多く、また更地にすると固定資産税の負担が増えることもあって、空き家は増大し続けている。東京でも、空き家のうち七三・四%は入居可能な破損のない空き家である(総務省統計局「住宅・土地統計調査」平成二五年)。家主も賃貸による収入を得たいと考えているが、自らも高齢化し入居者の孤独死やトラブルを怖れる家主は、とくに単身の高齢者に家を貸すことには慎重になる。

こうしたなかで、「ふるさとの会」がすすめているのは、高齢者の見守りや身の回りの世話をおこないつつ、高齢者の生活自立や他の高齢者との互助につなげていく、というサービスである。ここには入居者間のトラブル対応も含まれる。このようなサービス提供を条件に、住居の運営・管理も引き受けるサブリース契約などで空き家を借り上げ、併せて原状回復保証も含めた賃貸借保証の業務もおこなっていく。アパートに単居するかたちであれ、シェアハウスのような形式であれ、生活支援を組み合わせることで居住が確保され、他方でその生活支援が現役世代の雇用の機会になる。

ただし同会は、生活支援を単純で簡単な仕事と考えているわけではない。同会常務理事の滝脇憲さんによれば、新しい支え合いの関係を構築していくということは、単に「支えられる側」だった人々を支え手に迎え入れていくに留まらず、支援の対象となる高齢者が受け身の立場にならないようにしていくことでもある。

共同住宅などでの居住であれ、地域でのつきあいであれ、人々は生活にまつわる様々なトラブルを解決しながら共生しなければならない。ところが、路上生活を経験するなど厳しい生活苦をくぐってきた高齢者には、もともとそのような関係づくりが不得手な人が多い。他人とは、自分を押さえつける存在であったり、競争で出し抜くべき相手であったりしてきたからである。

高齢者どうしの互助が欠落したまま、支援者と支援を受ける高齢者の一対一の関係になると、トラブルが起きるたびに高齢者が「オレとあいつのどちらを選ぶのだ」と支援者に迫るというように、袋小路に入ってしまうという。

こうした事態を避けるためにも、生活支援の働きかけを、高齢者相互の関係づくりと互助の支援という方向ですすめていくことが、決定的に重要とされる。「ふるさとの会」は、人々の互助を支える生活支援を実現するために、方法論を積み上げてきた。大事なことは、支援する相手との信頼関係を構築し、これまで常にルールを押しつけられてきた人々に、互助の関係とルールづくりを促し、そのことで初めて安心できる生活が可能になる、ということに気づいてもらうことだという。

まちづくりの展開

「ふるさとの会」も、藤里町の社会福祉協議会同様、こうした共生保障を地域づくり、まちづくりとして展開しようとしている。

同会は、たとえアパートで独居することを支援する際も、地域の一角に、高齢者が気楽に集まるサロンである「共同リビング」を開設する。そしてここを交流と互助の場とする。それぞれの居室に閉じこもることがないように、「共同リビング」への参加を促し、住民同士の互助のきっかけとする。共同住宅の場合は、入居者どうしの交流と互助のための共用スペースを組み込み、同時に外の「共同リビング」などともつなげていく。こうした場から生まれ、地域を舞台におこなわれる互助の活動は、花見の会のようなイベントから、仲間の最後の看取りまで様々である。

つまり「ふるさとの会」の活動は、共生保障の重要な要素である住宅についても、新たな可能性を開いている。「支える側」「支えられる側」の二分法は、就労か福祉かという二者択一と

商店街のなかの共同リビング「えんがわサロン京島」(東京都墨田区)

並んで、持ち家中心の私的居住か施設かという二項図式に支えられてきた。だが、全面的な福祉受給から抜けることが、直ちに一般的就労に向かうことを意味しないのと同じように、脱施設が方向としては間違っていなくとも、困難を抱えた人々が支援がないまま私的に居住できると想定するべきではない。

福祉と一般的就労の間に支援付き就労が必要なように、施設と私的居住の間には様々なかたちで地域とつながり支え合う仕組みを組み込んだ地域型居住がつくりだされる必要がある。とはいっても、特別なインフラが求められるわけではない。生活支援のサービスを提供し、増大する傾向の空き家も活用し、「共同リビング」などでの互助を育むのである。経済的には家賃収入で地域に資金が環流するという効用もある。

このように共生型のコミュニティを形成し維持していくうえで重要な課題となるのは、支援付き就労を含めた生活支援サービスの財源をどう確保していくかである。「ふるさとの会」は、不動産事業を立ち上げてサブリース契約などからの収入を得つつ、生活保護を受給する高齢者の生活支援を実現するにあたっては、住宅扶助の一部を活用するなどしてきた。しかしながら住宅扶助は削減される傾向にある。こうした取り組みを支える公的な仕組みが問われている。

（3）社会福祉法人「生活クラブ風の村」

「生活クラブ風の村」のユニバーサル就労

藤里町社会福祉協議会や「ふるさとの会」の取り組みは、人々を雇用と社会につなぐための橋の架け方を示している。同時にそこには、支えられながら働く、新しい働き方が現れていた。こうした方向での働き方の刷新を象徴するものが、「ユニバーサル就労」の展開である。

ユニバーサル就労とは、障害や生活困窮など、働きがたさを抱えていた人々が、支援を受けつつも多様なかたちで働くことができる新しい職場環境を指す。後でも触れるように、困難を抱えた人々が働くことができる職場づくりは、障害者雇用や協同組合運動など、先行する取り組みも少なくない。ユニバーサル就労の特徴は、一般的な就労に直接に連結させるかたちで開かれた雇用の場を組み込むところにある。図2－1でいえば中心の雇用の場の拡張と転換を図ったものである。

ユニバーサル就労は、千葉県の社会福祉法人「生活クラブ風の村」が、その職場で試み始めた。ユニバーサル就労をすすめる企業や団体を支援する「ユニバーサル就労ネットワークちば」がまとめているガイドブックによれば、ユニバーサル就労は、働きたいと考える当事者、家族と支援団体そして事業者がおこなうワークショップから出発する。

ワークショップですすめるのは、多様な人々が働くことができる職場を実現する業務分解である。すなわち、単に福祉的な目的のためというより、専門性の高い業務から単純な業務を切り出し、専門的業務に集中できる環境をつくるなど、職場全体の効率化、標準化という観点から業務の見直しをおこなう。

就労から遠ざかっていた人には、人と接することで元気づけられる人もいれば、逆に人と接することが重荷になる人もいる。高齢者の施設でいえば、介護の補助やリビングでの見守りのような人と接する仕事、データ入力のような事務的作業あるいは清掃の仕事など、当事者の向き不向きも考えつつ、当事者、支援団体、事業者の協議をふまえ、仕事を切り出していく。

こうした業務分解をふまえて、四つのグループが区分される。すなわち、①交通費を支給するが業務は無償で居場所の提供に重点を置く「無償コミューター」、②支援を得て何らかの仕事を遂行できたことに一定の報酬を出す「有償コミューター」、③支援を得てほぼ一人分に相当する仕事をすることに最低賃金を支払う「最賃保証職員」、④支援や配慮を受けつつ他の職員と同様に働くことができる「一般賃金職員」の、四グループである。

つまり、ユニバーサル就労とは、支援付き就労と一般的な就労が相乗的に連携した雇用のかたちなのである。社会福祉法人「生活クラブ風の村」のユニバーサル就労は、現在、四人の「無償コミューター」、一四人の「有償コミューター」、三四人の「最賃保障職員」、一二人の「一般賃金職員」によって構成されている。そして八人が一般的就労への移行を果たしている。

ここで大事なことは、ユニバーサル就労をおこなう事業者のなかに担当の部局がおかれて、外部の支援団体などと協力しながら、継続的な支援をおこなうことである。支援の部局は職場全体に対して働きかけをおこない、当事者の抱える困難やその仕事の範囲などについて理解を広げる。

こうした支援を受けて、四つのグループのなかでは、たとえば「有償コミューター」から「最賃保障職員」「一般賃金職員」へのステップアップや一般的就労への移行、また必要によっては無理のないように逆の方向へのステップダウンがおこなわれる。四つのグループは固定的なものではなく、そのなかで柔軟に働き方を変更していくことが予定されているのである。

千葉県佐倉市にある同法人の事業本部で、ユニバーサル就労を経て一般的就労に移った佐藤恵子さん(仮名)に話を聞いた。佐藤さんは、これまでパソコン教室の助手の仕事などにも就いてきたが、踏み込んだ人間関係は得意ではなく、これまでの職場ではつらくなることも多かったし、自宅にこもり気味になることもあった。

このユニバーサル就労を知って、二〇一三年の春から、「生活クラブ風の村」の高齢者介護施設で「最賃保障職員」として週二回、一日二時間働き始め、ファイリングやデータ入力などの業務をおこなってきた。二〇一五年には、同法人の事業本部で「一般賃金職員」にステップアップし、さらに同年、ユニバーサル就労の枠を卒業して一般的就労（契約職員）に移った。現在はＩＣＴに関わる業務などを担当していて、同法人のなかで大事な仕事を任されている。

一見ごく普通のオフィスだがユニバーサル就労が組み込まれている（千葉県佐倉市，社会福祉法人「生活クラブ風の村」事業本部）

ユニバーサル就労の制度のなかで、佐藤さんとの話し合いによって業務内容を調整していったことが、しだいに彼女の本来の力を引き出していったようである。佐藤さんは「カウンセリングによる支援もありがたかったが、それぞれの仕事のペースやスタイルを尊重してくれる職場の雰囲気や、自分がユニバーサル就労で働いていることを周囲の職員が知っていることによる安心感が大きかった」という。上司と部下は「さん」づけで呼び合える一方で、たとえば昼食時に一人でお弁当を食べていてもなんの違和感もない職場であるという。

ユニバーサル就労を組み込んだ同法人のオフィスは、静かな雰囲気である。だが、(とくに佐藤さんの話を聞いた後では)独自の活力を感じるオフィスでもあった。一人ひとりの仕事の範囲を最適化し、むりな求心力を働かせないことが、この活力につながっているように思えた。

ユニバーサル就労の広がり

ユニバーサル就労と名乗るか否かは別にして、就労の間口を広げつつ事業の効率性も重視しようとする試みは、これまでもすすめられてきたし、また広がってもいる。

一つは、障害者雇用の制度や政策である。障害者の雇用については近年大きな制度転換がすすんでいる。民間企業において達成されるべき障害者の法定雇用率は、二〇一三年四月から従業員五〇人以上の場合二%となり、二〇一六年四月からは障害者の就労に関して、作業環境、指示の方法、勤務時間などについて合理的配慮をすることが事業者に義務づけられた。さらに二〇一八年四月からは、法定雇用率の算定基礎に精神障害者も加えられることになった。

同時に、二〇〇六年に施行された障害者自立支援法(現・障害者総合支援法)以来、障害者の就労支援が積極的に謳われるようになった。旧来の授産施設や福祉工場の制度に比べて、一般的就労との連携に力点を置いて、就労可能な当事者に対する就労移行支援の事業や、就労に向けたステップが必要な当事者に対する就労継続支援のA型(雇用契約をむすぶもの)、B型(雇用契約をむすばないもの)の事業が開始された。

第四章で見るように、障害者自立支援法は、財政支出の抑制のもとで施行され、また雇用政策が不得手な自治体制度の問題もあり、現状では手厚い就労支援を達成しているとはいい難い。さらに、障害者の応益負担が強められたことにも批判が集中した。しかしその制度の趣旨は、ユニバーサル就労ともつながるものであった。実際のところ、ユニバーサル就労に取り組む民間の事業者には、就労継続支援など障害者雇用の制度を活用しているところも少なくない。ユニバーサル就労を広げるためにも、とくに就労継続支援A型の制度は、狭義の障害者福祉の枠を超えて、就労に困難を抱えるより多様な人々を受け入れる制度に再編されてよい。

ユニバーサル就労と関連するもう一つの重要な流れは、社会的企業の展開である。社会的企業とは、NPOのみならず、協同組合、一部の株式会社など様々な事業体を包括する言葉である。今日、法人格の相違を超えて、多様な事業体が公共を担うようになっているゆえに、社会的ミッションと取り組む事業体を広く社会的企業と呼ぶようになっている。

社会的企業の多様な機能のなかで、近年とくに注目されているのが、就労に困難を抱えた人々を、一時的にあるいは持続的に雇用していくことである。こうした役割を重視する社会的企業は、「労働統合型社会的企業」(WISE: Work Integration Social Enterprise)と呼ばれる。

各国で多様な労働統合型社会的企業が活動しているが、日本の社会的企業に一番大きな影響を与えたのは、イタリアの社会的協同組合であろう。社会的協同組合は、障害、アルコール依存、長期失業、刑余者など、領域横断的に「社会的に不利な人々」の社会参加を支援することを目的とする協同組合で、法律でA型とB型に区分される。

A型の社会的協同組合では、困難を抱えた人々は組合員として働くのではなく、サービスの対象者となる。これに対してB型の社会的協同組合とは、「社会的に不利な人々」が組合員の三割以上を占めることを要件とするもので、困難を抱えた人々が雇用契約を基礎に働く事業体である。A型とB型を併設して、A型からB型へ、さらにはB型から一般的就労へという回路(あるいはその逆に支援を強めていく回路)をつくっている場合も多い。

筆者がかつて訪ねたヴェネト州ヴィチェンツァのヴェラータ社会的協同組合では、A型の事業の一部であるオキュペーション・センターの訓練サービスと、B型の四つの事業(タイル・家具のアッセンブリー、バッテリー製造、木工・家具製造、緑化事業)、さらには一般的就労の間で常に支援対象となる人が移動していた。

ユニバーサル就労の考え方も、この社会的協同組合の経験に強い影響を受けている。ユニバーサル就労は、一つの職場のなかで、社会的協同組合A型、B型、さらに一般的就労を同居させ、職場の効率向上にもむすびつけようとしたものなのである。逆にいえば、日本で支援サービスに力点を置いた社会的企業と実際の雇用をすすめる社会的企業が連携して、ユニバーサル就労を実現していくことも可能であろう。

いずれにせよ、日本で課題となるのは、こうしたユニバーサル就労をいかに公的に支援していくかである。障害者雇用の仕組み、とくに就労継続支援A型、B型の制度は、日本のユニバーサル就労でも一部活用されている。しかし、本書が冒頭から問題としているように、今日、人々が抱える困難は複合的である。支援対象について、イタリアの社会的協同組合が対象とする「社会的に不利な人々」のような広い枠組みを設けたうえで、就労継続支援に関する補助金の給付対象を拡大していく、といった手立てが求められている。

第三章

共生の場と支援の制度

1　ユニバーサル就労

就労・居住・所得保障

「支える側」と「支えられる側」、それぞれの制度が二元化し、その「間」で解決されない複合的問題を抱え込む人々が増大している。もっと多様な人々が加わることができる就労や居住のかたちを構築し、人々をそこにつないでいくことが求められる。

前章では、共生保障について基本的な考え方を示した。「支える側」を支え直し、「支えられる側」の参加機会を広げること、そして共生の場をつくりだしていくことがその主な内容であった。

そして、この共生保障の基本的な考え方は、劣化しつつある雇用に人々を動員する発想とは根本的に異なることを強調した。共生保障は、人々を雇用やコミュニティにむすびつけつつ、必要に応じて教育、家族などのステージと行き来する、「交差点型社会」を目指すものであった。その上で、各地でこの考え方と重なる多様な取り組みが開始されていることを紹介した。

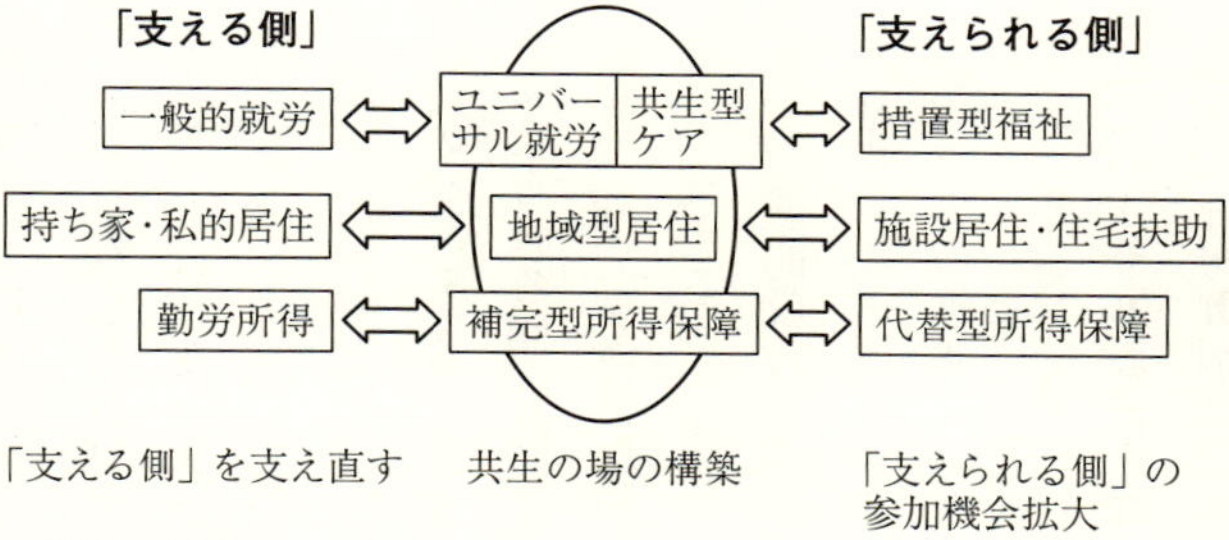

出所：筆者作成

図3-1　共生保障における場の構築

本章では、以上の議論をふまえつつ、共生保障の制度構想を、もう少し具体的に整理していきたい。

図3－1をご覧いただきたい。これまで、「支える側」とされた人々は、一般的に就労し、多くの場合は持ち家を目指しつつ私的に居住し、勤労所得で生活をしてきた。この対極に、「支えられる側」に括られた人々のための仕組みがあった。すなわち、所得や資産の調査などを経て施設入所を認められたり、生活保護の住宅扶助の支給対象となった。また所得保障は、生活扶助や障害年金など、一般的所得の最低水準を超えないように設定された代替型の給付であった。

今日、この両極の制度の「間」に、新しい働き方とケアのあり方、居住のかたち、所得保障を構築していくことが必要になっている。以下本章では、引き続き各地の取り組みも参照しつつ、ユニバーサル就労と共生型ケア、地域型居住、補完型所得保障のそれぞれについて検討していく。

また、このような新しい共生の場の構築と並行して、「支える側」を支え直し、「支えられる側」の参加機会を広げるサービスを整備していくことが重要になる。「支える側」を支え直すサービスとは、たとえば、保育や介護のサービスやリカレント教育（前章表2－1でいうⅠとⅡの橋）が挙げられる。「支えられる側」の参加機会を広げるサービスとしては、積極的労働市場政策による就労支援、地域包括ケア、障害者福祉サービスの生活支援など（前章表2－1でいうⅢとⅣの橋）がある。

「支えられる側」の参加機会を広げる場合、まずは、ユニバーサル就労、共生型ケア、地域型居住、補完型所得保障といった新しい共生の場が主な参加のフィールドになるであろう。併せて、「支える側」を支え直すことで、多くの人々が一般的就労を持続できることが期待されるが、一般的就労においては長時間労働や「ローパー社員」狩りがまかりとおる傾向がある。家族や教育などのステージにいわば「退却」できる交差点型社会の条件が確保されることが、一般的就労の処遇を改善するためにも必要である。

ユニバーサル就労を組み込む

ユニバーサル就労とは、支援付き就労と一般的就労を連結し、多様な人々が力を発揮できる職場をつくっていくことである。その実現のためにまず重要なのは、従来の条件からすれば就労が困難な人々が働き続けることができる条件を創出することである。このように述べると、福祉作業所などにおける福祉的就労が想起されがちだが、より一般的就労に近い場面で多様な可能性が追求されている。

今、地域で中小企業は深刻な人手不足を訴える。人手が足りないと答えた企業の割合から人手が余っていると答えた企業の割合を引いた指数は、正社員で三四ポイント、パートタイムで三一ポイントときわめて高くなっている。正社員については、「運輸業、郵便業」「福祉、医療」「建設」などで、パートタイムでは、「宿泊業、飲食サービス業」「卸売業、小売業」などで人手不足が深刻である(厚労省「労働経済動向調査」平成二八年二月)。

二〇一三年の商工組合中央金庫の調査では、人手不足を経営上の問題としてあげるのは一六・一%であったが、二〇一五年の調査では三五・七%が人手不足を問題としている(「中小企業の経営改善策についての調査」二〇一五年)。にもかかわらず、企業は必要な人手を雇用していない。それは、水準を満たす人材が見つからないとされるからである。人手不足の背景として、六一・七%の企業が「応募者が自社の希望する能力水準を満たさない」と回答している。

すでに述べたように、中小企業を含めて多くの日本企業では、「メンバーシップ型」の雇用を志向し、これから様々な仕事をこなす「素材」として人を採用している。欧米の「ジョブ型」雇用のように、特定の仕事の担い手として考えるならば、現場の判断で多様な人々をその都度雇うことができる。だが、ジェネラリストの雇用ということになるとハードルが高い。非正規雇用の場合は、仕事の内容は「ジョブ型」である場合が多いが、「素材」重視という点では「メンバーシップ型」の採用に準ずる傾向がある。

「ジョブ型」と「メンバーシップ型」の雇用を架橋する試みとして、仕事や勤務地を限定した「ジョブ型正社員」(濱口桂一郎)も提起されている。だがさらに雇用の間口を広げていくためには、仕事の中身そのものについて、様々な困難を抱えた人が関わることができるように、労働時間の長さ、人との接触の度合い、必要とされる知識や技能を調整していくことが必要である。つまり、ユニバーサル就労の発想が重要なのである。

自治体に何ができるか

多くの自治体では、雇用をあくまで「支える側」の一般的就労としてとらえ、福祉と対極の領域として切り離してしまう傾向が強い。しかし、共生保障の制度化を展望するとき、自治体がユニバーサル就労の実現に何ができるかが問われる。

この点で、これからの自治体の可能性を示しているのが大阪府豊中市である。豊中市は、くらし支援課が中心となって、自治体としての就労支援を推進していることで知られる。同課は、かつて商工労政課として業務をおこなっていた二〇〇三年から、大阪府の事業である地域就労支援事業に取り組み、「地域就労支援センター」を設置してきた。そして二〇〇六年からは、職業安定法に基づく無料職業紹介事業を実施し、無料職業紹介所を開設した。

無料職業紹介事業を実施すると、自治体も国の機関であるハローワーク同様に、企業から直接に求人情報を得て人を紹介することができる。無料職業紹介事業を始めてみると、地域の労働需要が必ずしもハローワークに登録されたり、求人誌に掲載されたりしているものに留まらないことが分かってきた。

これが、同市で本格的な就労支援がすすむ契機となった。豊中市では、支援員が市内の企業を回って、窓口に相談に訪れた求職者の状況などを説明していった。こうして隣接地域を含めて約三〇〇〇社の企業とつながり、毎年三〇〇〜四〇〇の企業から求人を得るようになった。

ハローワークによる一般求人は、職務内容や就労時間、年齢などが固定されていて、就労に困難を抱えた人の事情に応じて雇用の条件を設定することが難しい。だが、地域で中小企業を中心とした人手不足が深刻化する一方で、就労困難者もまた増大するという状況のなかでは、企業と就労困難者をつなぐ自治体の役割が大きくなる。

無料職業紹介事業をおこなう自治体は豊中市だけではないが、同市の特徴は、企業からの求人情報をハローワークのように最初から公開せず、前述の就労支援の窓口にやって来た人や、福祉事務所、保険収納課から紹介された人など、就労困難者の多様な実情に応じて、個別にその情報を提示していることである。

その際に必要であれば、当事者の事情に適合するように、就労時間や職務内容について企業と調整する。たとえば、スーパーのバックヤードの業務について単純な作業のみの求人を切り出してもらうなど、業務のカスタマイズを依頼する。これは、ユニバーサル就労への接近を目指した働きかけといってよい。

地域就労支援センターでは、二〇一五年度は重複なしで一一〇八人が相談に訪れ、二二九人が就職を実現している。また無料職業紹介所では、同年度に七〇人が就職している。

豊中市で就労支援に携わってきた西岡正次さん(大阪地域職業訓練センター)は、市民生活部・商工労政課(当時)の主幹として無料職業紹介事業の開始を手がけ、同部の理事になるまで、一貫して経済部局にいながら福祉的支援との連携に努めてきた。西岡さんによれば、自治体の経済部局が発想を転換し、このようなかたちで企業に働きかけることは、企業からも歓迎されるという。人手不足に悩む企業からすれば、公的な支援を受けた求職者は信頼がおけるばかりか、就職が決まってからの定着支援も心強いのである。逆に福祉部局が就労支援を強め、地域の中小企業などとつながっていくことも、これからは強く求められよう。

ユニバーサル就労と地域の創生

ユニバーサル就労は、多様な分野で発展していく可能性をもっている。ＩＴ関連企業においても、業務分解をとおして職場の効率を高めつつ障害者などの雇用を拡大している例がある（渡邉 二〇一二）。他方で、労働力不足に悩む第一次産業でユニバーサル就労を広げ、地域の創生につなげようとする動きもある。農業や林業などの第一次産業については、地元での加工（第二次産業）や商品化・販売（第三次産業）と組み合わせるいわゆる第六次産業化や農商工の連携も取り組まれ、ユニバーサル就労の受け皿として可能性が広がる。

第六次産業化ともつながったユニバーサル就労追求の事例として、青森県弘前市の挑戦は興味深い。弘前市もまた、地元経済の担い手不足が地域経済の停滞につながり、国立大学法人である弘前大学でも地元から出ていく卒業生が増える傾向にある。こうしたなか同市は、若者と女性の雇用環境を改善しつつ、就業人口を増大させていくことを地域の持続的発展の柱として位置づける。

地方創生の「弘前市まち・ひと・しごと創生総合戦略」においても、「基本目標」の第一に、安定雇用の創出と地域産業のイノベーションを掲げる。こうした目標設定自体は新味がないと思われるかもしれない。だが同市の総合戦略は、新規学卒者の地元への就職促進などと並んで、高齢者、障害者、生活困窮者などの就労支援をすすめることを重視する点でユニークである。その際に、「ワークシェアリングや分業による簡易な仕事の創出」を就労拡大の手段としてあげている。この総合戦略で目指されているのも、本書でいうユニバーサル就労である。

同市は、二〇一六年四月には、①「人財」の発見、②支援付き就労を推進する企業などの開発、③包括的支援の展開、の三つを担う「就労自立支援室」を健康福祉部に設置した。ここで、支援付き就労を展開する舞台として重視されている分野の一つが、りんご産業である。

同市のりんご農家と出荷組合は、りんご産業を海外市場の嗜好に合わせて輸出産業として育ててきた。日本電気株式会社と協力した品質管理システムや、日本貿易振興機構(ジェトロ)による販売指導などを組み込む農商工連携の試みもなされた(橘川・篠崎 二〇一〇)。市町村あたりのりんご生産量は全国一である。しかし、このように戦略産業として位置づけられているにもかかわらず、人手不足と後継者育成の難しさから、二〇〇五年から二〇一〇年までの間にりんご農家は六〇九八戸から五四九一戸へと一割減少した。

「就労自立支援室」設置に先立ち、弘前市は地方創生の交付金を利用して、大阪府泉佐野市およびNPO法人おおさか若者就労支援機構との間で「就労支援カレッジ」の取り組みを開始した。これは、泉佐野市で就労の相談に訪れた若者などを、弘前市のりんご農園の就労体験に受け入れる仕組みで、事業初年度の二〇一五年度では、まず一三人を二週間のりんご生産の体験コースに、そして八人を三日間の体験コースに受け入れた。

ただし、地域の戦略産業を支えるりんご農園に、就労困難者を受け入れることをあまり単純にまた簡単に考えることはできない。農園に一歩足を踏み入れると、そこは実は経験を要する仕事に満ちていて、たとえば降雪の時期に枝から雪を振り払う仕事一つでも、下手をするとりんごの生育を損ないかねない。

こうしたなかで、りんご農園の業務分析や業務分解もすすんでいる。季節ごとの、降雪への対応、野ネズミからの保護、枝の剪定《せんてい》、施肥などの仕事から、あまり経験を要さず多くの人々が担える仕事を切り出し、その間口を広げるために、マニュアルの作成もおこなわれた。第一次産業の第六次産業化とユニバーサル就労化が手を携えてすすむならば、地方の雇用は大きな推進力を得ることができよう。

ベーシックワーク

仮に民間企業からの求人を得ることができなくとも、地域社会にはさまざまな公共のニーズがあり、その充足に伴う雇用機会が増大している。高齢者の生活支援や見守り、環境保全、さらには公共施設の維持・管理などに関わる仕事などである。自治体が、就労困難者のために、多様な事業や補助金を活かし、場合によっては直接に人を雇い入れながら、こうした雇用機会を広げていくことは、必要であるし可能でもある。

介護保険改革がすすむなか、自治体は、高齢者の生活支援や介護予防のための地域支援事業をおこしていくことを迫られているが、大きく進捗しているところはまだ少ない。また、全国で七〇万人以上が登録しているシルバー人材センターの事業もある。シルバー人材センターの事業というと屋外清掃などの印象が強いが、近年では仕事の内容は多様化している。たとえば福井市のシルバー人材センターは、早くから介護保険にも参入し、高齢者が高齢者に対するサービスを担う「シルバーデイサービス」を実施している。また併せて、同施設のなかで、生後六カ月以上の子どもの一時預かりである「シルバーママサービス」もおこなっている。

公共事業については、ハコモノづくりより、既存施設の維持・管理や防災に関する事業に力点を移していくことが求められている。大規模工事に比べこうした公共事業では、より多様な人々に雇用機会を提供できる。また、総合評価型の入札で、就労困難者の雇用に前向きな事業者を積極的に評価していくことができる。

地域には雇用につながる事業がこれだけありながら、現状では高齢、障害、道路、商工といったばらばらの部局に所管され、それぞれの事業規模が小さく、就労時間や労働条件があまりに制約されていて、その可能性が活かされていない。

一連の事業を連携させ、自治体がこれを「ベーシックワーク」としてメニュー化することも可能であろう。ベーシックワークとは、すべての市民に最低所得保障の現金給付をおこなう「ベーシックインカム」と対置した考え方で、自治体などが就労の意欲があるのに就労できないすべての市民に対して、一定時間就労できる条件を提供することを指す。

たとえば、一九九六年のローマクラブのレポート「雇用のジレンマ」でイタリアの経済学者のO・ジアリーニとP・M・リートケが提起した構想や、最近では、イギリスの経済学者A・B・アトキンソンが『不平等――何がなされうるか？』(邦訳『二一世紀の不平等』)で提案した雇用保障の構想がある(Giarini and Liedtke 2006, アトキンソン 二〇一五)。

ジアリーニとリートケの提案は、一八歳から七八歳までの男女に対して、政府と自治体が、地域密着型の事業などで週二〇時間の就労を保障する、というものである。公的扶助の財源の一部もこちらに転用し、最低賃金を超える水準での雇用とする。ジアリーニとリートケは、自治体が提供する仕事を通して、就労に困難を抱えた人々も技能やコミュニケーション能力を身につけ、一般的就労につなげていくことができるとしている。

アトキンソンもまた、地域の公共サービスを主な領域として、一年以上社会保険料を納めていた人々を対象に、最低賃金で週三五時間程度の公的雇用保障をおこなうことを提起する。すでに民間企業などで一定時間就労している人には、その分は差し引いて合計三五時間の労働時間が保障されるようにする。

日本における可能性

これらは決して空想的な構想ではない。日本でも自治体が先に見たような一連の事業を束ねていけば、ベーシックワークに相当する雇用機会を提供することは不可能ではない。アトキンソンは、ベルギー、アイルランド、フランスなどではすでに公的雇用にGDP比で〇・二％以上の支出が向けられていることを指摘している。

にもかかわらず、少なくとも日本においては、こうしたベーシックワーク的な仕組みは、行政の側からも、困窮者支援をおこなう社会運動の側からも、積極的に提起され推進されてきたとはいえない。

労働行政の側には、かつての失業対策事業の経験に懲りて、同種の事業を警戒する向きがある。日本の失業対策事業は、一九四九年に成立した緊急失業対策法に基づき開始され、一九六〇年には三五万人を雇用するまでになった。労働大臣が決める賃金水準は民間企業より低めに設定され、あくまで暫定的な就労であることが強調された。

しかしながら現実には、多くの人々が失業対策事業に滞留し、そのまま高齢化することになっていった。また当時の労働省が、同事業を基盤にした強力な労働組合に手を焼いたこともあって、この事業は、労働行政にとっては繰り返したくない政策事例の典型になっている。

他方で社会運動の側も、かつての失業対策事業に関わった潮流を除けば、ベーシックワーク的な提起をおこなうところは少なかった。公的な雇用というと、公的扶助給付の削減を目的として受給者に就労を義務づけるような、いわば懲罰的な制度が想起されることが多かったこともある。

これに対してベーシックワークは、あくまで就労を望みながらも果たすことができない人々の権利として提供されるものである。仕事の内容については、選り好みできるメニューを準備することは困難であろう。しかしながら、対人関係を不得手とするゆえに雇用から遠ざかる人も少なくないことをふまえて、対人サービスとそれ以外の分野など、いくつかの選択肢を用意することは可能であろう。

2 共生型ケアの展開

共生型ケアとは何か

次に図3－1の共生型ケアについて触れたい。ユニバーサル就労は、一般的就労も含んだ多様な就労のかたちを組み合わせたものであり、基本的には一般的就労から福祉の側に間口を広げていく試みであった。これに対して共生型ケアというのは、新しい支援型の福祉サービスのかたちであり、福祉のなかから当事者同士の支え合いをつくりだし、部分的には支援付き就労にもつなげていく試みである。こちらは、福祉の側から雇用を含めた支え合いに接近していく動きといえる。

この共生型ケアは、これまでの縦割りの制度を超えて、従来個別に保護の対象となってきた人々が場を共有しながら、互いに支え合うことを支える仕組みである。たとえば、高齢者、障害者、子どもなどを区別することなく、相対的に小規模な居宅などにおいてデイサービスを提供する。そこで当事者が、共に時間を過ごし支え合うなかで力を得るかたちを実現しようとする。

共生型ケアが注目されるようになったのは、一九九三年に富山市で惣万佳代子さんら三人の看護師によって開設されたデイサービス事業所「このゆびとーまれ」などの取り組みからであった。この事業所は、高齢者のみならず障害者や障害児も受け入れるデイサービスとして始められた。惣万さんは当初、支援を市役所にかけあったが、そこでは「お年寄りだけに絞りなさい。そうすればなんらかの制度を引っ張ってきて、補助金が出せるかもしれない」といわれて支援は得られなかった。ゆえに立ち上げ時は、利用者の一日二五〇〇円の利用料だけが財源であった。

しかし、やがてこうした共生型ケアの大きな効果がはっきりと現れる。注目されたのは、認知症の高齢者が子どもの世話をしたり、サービスを利用している知的障害者が高齢者の食事介助をするなど、「誰が利用者なのか、ボランティアなのか、職員なのかわからない」という共生の関係であった。ある認知症のお年寄りは、同じく利用者である一歳の子どもの成長を楽しみにしていて、自分の名前は思い出せないのにその子どもの名前はいえるという(惣万 二〇〇

二、富山県民間デイサービス連絡協議会編 二〇〇三)。

「このゆびとーまれ」で自身の役割を見出すことが、利用者がデイサービスに通うモティベーションになったのである。富山県では同様のデイサービス(富山型デイサービス)をおこなう事業者は増え続け、二〇一三年には八〇を超えた。

一九九七年に富山県が助成事業を開始するなど、共生型ケアは、しだいにいくつかの都道府県の独自事業の対象となり、全国での同様の取り組みを広げることになった。たとえば、長野県の「宅幼老所」、滋賀県の「あったかほーむづくり事業」などであり、さらにその後、熊本県の「地域の縁がわづくり推進事業」、高知県の「あったかふれあいセンター事業」なども開始された。二〇一二年には、共生型ケアの事業は全国で一〇〇〇カ所を超えた(奥田・平野・榊原 二〇一二、西山 二〇一四)。

共生型ケアから支援付き就労へ

さらに近年、この共生型ケアに支援付き就労の仕組みを組み込む試みが広がっている。共生型ケアにおける支え合いにおいては、障害をもったり高齢であったりする人自らが、清掃や配膳などの仕事をおこなうことがしばしばである。これに障害者雇用の制度などを適用して、支援付き就労につなげていく事例が増えている。雇用からの展開であるユニバーサル就労と福祉からの転換である共生型ケアが、相互乗り入れを始めているのである。

たとえば、富山の共生型ケアは、デイサービスにおける支え合いを障害者の雇用の場として位置づけ、新たな展開を見せている。デイサービスにおける支え合いの仕事を報酬の対象とするためには、障害者総合支援法の就労継続支援事業などとして認定される必要があるが、この制度は利用者が二〇人以上いることが条件となるなど、小規模な共生型ケアの実態にそぐわない。

そこで富山県ではこの規制を緩和し、共生型ケアに支援付き就労を組み込むことを特区申請し、二〇一一年から特区の指定を受けた。これと対応して、「このゆびとーまれ」では、二〇一三年から新たな障害者雇用の事業所「はたらくわ」を立ち上げた。そこに各デイサービスの障害者をまとめて登録して送り出すかたちで就労を実現、月に四万円程度の給付をすることができるようになった。

この共生型ケアは、旧来の「支えられる側」の福祉に支え合いの要素を組み込んだ共生の場づくりである。その共生型ケアに支援付き就労が連動し始めている。後に触れる北海道当別町の共生型ケアも支援付き就労と一体化してきた。このような動向は、本章冒頭に示した図3-

1でいえば、一般的就労の間口を広げる動きであるユニバーサル就労と、福祉における支え合いの戦略である共生型ケアが、支援付き就労を共有項として接合を始めたことを意味する。

ユニバーサル就労と共生型ケアのそれぞれの展開と接合を広げるために、前章でも述べたように、障害者雇用の就労継続支援事業の適用対象拡大や、共生型ケアに取り組む事業者に対する補助金の加算などが不可欠である。共生型ケアの現場では、介護福祉士、保育士など専門職の関わるケアの範囲が広がる。当事者の支え合いを安全に支えるためにも、こうした業務の拡大やそこに求められる新しい専門性を評価し、福祉職の処遇改善につなげていくことが必要である。

3　共生のための地域型居住

居住をめぐる分断

ユニバーサル就労やベーシックワークに向けた取り組みは、旧来の「支える側」と「支えられる側」の間で新しい働き方を開拓していくことである。このような共生の場の創出は、働くことについてのみならず、居住についてもすすめられつつある。ここで居住とは、住居というハードウェアに加えて、そこでの人々の住まい方、暮らし方を含めていう。

旧来の日本の住宅政策が、「支える側」の男性稼ぎ主を想定した持ち家政策に傾斜してきたことはすでに第一章で述べた。企業に勤める男性稼ぎ主が、社宅から賃貸住宅へ移り、やがて「住宅すごろく」の上がりとして分譲住宅の購入に至るサイクルを支えるのが日本の住宅政策であった。

勤労者の住宅購入を金融面で支えたのが住宅金融公庫(現・住宅金融支援機構)であり、また住宅公団(現・都市再生機構)の住宅供給においても、しだいに分譲住宅の比率が増していった。これに対して、公営住宅は困窮した低所得層のためと位置づけられたが、所得基準をとくに低く設定した旧来の第二種公営住宅に厚生省(当時)が部分的に関与することを除けば、公営住宅を含めて住宅政策は建設行政とされた。さらにその後は、分権改革のなかで公営住宅のための補助金が廃止されるなど、国の関与は後退している。

他方で「支えられる側」の人々は、当然ながらこの持ち家主義の対象外となった。社会保障・福祉の分野で住宅といえば、各種の高齢者施設や救護施設、無料低額宿泊所などの施設居住がまず想定された。あるいは生活保護制度のなかでの住宅扶助や、しだいに対象を困窮層にしぼり始めた公営住宅などが、「支えられる側」の居住のためのメニューとなっていった。

居住に関連して、「支える側」と「支えられる側」を区分したもう一つの基準が、その世帯のあり方であった。「支える側」の男性稼ぎ主は、その妻と子どもからなるいわゆる「標準世帯」を扶養しつつ、持ち家を目指すものとされ、そのことが企業などによって奨励された。家族扶養が、従業員の就労意欲を高めると考えられたからである。

他方で、「支えられる側」の居住に関しては、施設居住であれ、生活保護に伴う住宅扶助の受給であれ、一般に「期待」される扶養関係が成立しておらず、「標準世帯」の基準から外れていることが前提とされた。あるいはそれが給付を受ける条件となった。実際のところ、一般世帯における単独世帯は全体の約四分の一であるが、生活保護受給世帯においては約四分の三が単独世帯となっている。

居住をめぐる制度が、これまた両極に分断されてきたことは、空き家の増大という問題にもつながっている。一方に家を貸したい家主がいて、他方では家を借りたい人々がいるが、低所得のひとり親世帯、障害者世帯、高齢世帯にとって、一般の賃貸住宅に入居するハードルは高い。家賃債務保証を得ることができず、また、生活保護や求職中の住居確保給付金を除けば、ヨーロッパ諸国にみられる住宅手当のような公的な家賃補助の仕組みもない。日本では、家賃補助などの公的居住支援が弱かったその分、借地借家法による借家規制で家主に借家人の保護を義務づけた。ところがこうした借家規制ゆえに、困窮や孤立が広がった後でも、家主は住宅弱者の入居にとくに慎重になってしまう（佐藤　一九九九）。

雇用をめぐって、人手不足の中小企業と仕事に就けない層が地域で同時に増大するのと構造的背景は同じである。生活保障が、会社ごとの雇用保障に傾いていたゆえに、経営者は何らかの困難を抱えた人々の採用にきわめて慎重になる。同様の事情から、住宅をめぐっては、借り手の見つからない空き家と住宅弱者が同時に増大しているのである。いずれの場合も、旧来の生活保障の制度が排除の仕組みに転化してしまうという逆説である。

地域型居住

居住に関しても、持ち家を目指す「標準世帯」と、施設居住の社会的弱者や扶助を受ける単独世帯という二分法でやっていくことは、人々の暮らしぶりの実態にはそぐわなくなっている。そもそも「標準世帯」はもはや標準ではない。二〇一〇年の国勢調査の結果で日本の世帯類型を見てみると、単独世帯が三一・二％となり、夫婦と子からなる世帯の二七・九％を超えている。

持ち家で上がりとなる「住宅すごろく」を続けることができる人々は減少している。年収五〇〇万円以下の世帯で、家賃支出が所得の三割以上になる世帯は、二〇一〇年で一九〇万世帯に達していると推計される(平成二七年度生活困窮者就労準備事業費等補助金「これからの低所得者等の支援のあり方に関する調査研究報告書」)。リーマンショックの際の「年越し派遣村」に集まった人々のように、解雇に伴い社宅からの退去を余儀なくされ、そのままホームレスになる場合すらある。他方で、保護される側に括られた上での施設居住や、住宅扶助を受給する生活保護では、地域社会とのつながりが断たれてしまうこともしばしばである。

共生保障のためには、居住をめぐる両極の制度間でも、新しいゾーンが求められている。それは、地域の支え合いに開かれた「地域型居住」ともいうべきものである。たとえば、高齢者の一人暮らしであっても、なんらかのかたちで生活支援を受けることができて、地域のサロンに集い互いに支え合う、といった環境が重要になる。前章で紹介した「ふるさとの会」の取り組みも、地域に開かれた居住と生活支援を連携させた事例であった。

新しい家族的コミュニティ

他方で、高齢者、現役世代、子どもが世代や障害の有無を超えて、とくに血縁的なつながりがなくとも、支え合いながら暮らせるような住まい方についても、多様な試みが広がっている。

たとえば、鹿児島市の賃貸住宅「ナガヤタワー」は、かつて皆が支え合った長屋を現代に再現するというコンセプトで、一般の賃貸住宅に家族的な支え合いの要素を組み込んでいる。鹿児島中央駅にほど近いこの住宅は、外観は長屋とかけ離れた六階建てのモダンなマンション風である。だがよく見ると、各居室のバルコニーが「縁側」のようにつながっていたり、二階には共同の大きなキッチン、食堂があるなど、少し変わっている。

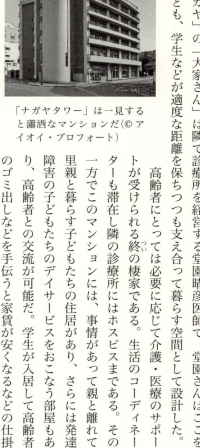

この「ナガヤ」の「大家さん」は隣で診療所を経営する堂園晴彦医師で、堂園さんはここを、高齢者、子ども、学生などが適度な距離を保ちつつも支え合って暮らす空間として設計した。

「ナガヤタワー」は一見すると瀟洒なマンションだ(© アイオイ・プロフォート)

高齢者にとっては必要に応じて介護・医療のサポートが受けられる終《つい》の棲家である。生活のコーディネーターも滞在し隣の診療所にはホスピスまである。その一方でこのマンションには、事情があって親と離れて里親と暮らす子どもたちの住居があり、さらには発達障害の子どもたちのデイサービスをおこなう部屋もあり、高齢者との交流が可能だ。学生が入居して高齢者のゴミ出しなどを手伝うと家賃が安くなるなどの仕掛けもある。

ナガヤタワーのような暮らし方を、小さなまちとして広げたのが石川県金沢市の複合福祉コミュニティ「シェア金沢」である。このコミュニティは、重度を含む障害児の施設を軸として、サービス付き高齢者向け住宅、高齢者デイサービス施設、車いす生活用のバリアフリー住宅などが併設されている。さらに芸術専攻の学生向けのアトリエ付き住宅もある。学生は月三〇時間以上ボランティアをすれば、抑えられた家賃で入居できる。

売店とレストランが障害者の就労施設として開設されており、加えて公衆浴場もあり、近隣の住民が集う。売店の運営にはサービス付き高齢者向け住宅に住む高齢者も関わる。さらにコミュニティの一角には学童保育の施設があり、時刻になると丘のふもとの小学校から子どもたちが通ってくる。

障害、高齢、子どもなどの括り方を超えたこうした居住の仕方を、ここでは「ごちゃまぜ暮らし」と呼ぶ。ただし、とくに予め定められた支え合いのルールがあるわけではない。「シェア金沢」を設計した五井建築研究所の代表取締役であり一級建築士の西川英治さんは、「小さなシーンの積み重ね」でまちが出来上がるような設計を試みた、という。施設や住居の玄関は向かい合わせになっていて、それぞれをつなぐ道は、譲り合わないと通れない幅である。共生はあくまでここに暮らす人が自発的につくりだしていくものであるが、それを引き出すデザインは工夫されているのである。

「シェア金沢」のような地域型居住は、「このゆびとーまれ」のような共生型ケアを居住にまで拡大したものといってよい。「シェア金沢」の売店やレストランは、障害者総合支援法の就労継続支援の制度を使った支援付き就労の場ともなっている。この点も、共生型ケア、地域型居住、そしてユニバーサル就労の重なり合いを示すものである。

「シェア金沢」の各住戸の玄関は向かい合わせに，道は狭く設計されている（石川県金沢市）

居住支援のネットワーク

新しい住まい方やコミュニティが生まれるなか、自治体が、こうした多様な居住のパターンをどのように支えていくかが問われている。自治体の住宅部局は、これまで高齢者や障害者の住宅について、バリアフリー化の補助や認証評価をおこなってきた。だが、主には都道府県の所管となっている住宅部局と市町村の福祉部局の縦割り（あるいは都道府県と市町村の「横割り」）も根強く、居住空間における多様な支え合いを支える仕組みはできていない。また、高齢者、障害者、ひとり親世帯など、連帯保証人などの人的保証を得にくい住宅弱者に届く支援も広がっていない。

このような課題に関して、これから一つの基盤となりうるのが、住宅セーフティネット法によって根拠づけられ、二〇一六年二月の段階で四一の都道府県と一四の区市町に設置されている居住支援協議会である。居住支援協議会は、国土交通省のいう「住宅確保要配慮者」（高齢者、障害者、母子世帯など）が民間賃貸住宅に円滑に入居できるように、地方自治体、地域の不動産業者や家主、支援のNPOなどが連携することを謳って設置されている。地域の住宅をめぐる情報を共有し、賃貸契約にあたって債務保証団体を紹介するなどの支援をおこなうことが期待されている。

ただし現状では、居住支援協議会は都道府県での設置が主である。地域型居住を構築するためには、基礎自治体における地域包括ケアシステムや生活困窮者自立支援制度と連携を強めていく必要がある。実際のところ、基礎自治体に置かれた居住支援協議会には、地域の生活支援との連携に踏み出しているところもある。

福岡県大牟田市では、市の社会福祉協議会が居住支援協議会の事務局を担い、独自の高齢者向け住宅情報システムを構築し、併せてひとり親世帯や生活困窮者などに対して入居支援をおこなっている。東京都豊島区では、特別区として居住支援協議会を設置しているが、ここではシングルマザーの入居を支援するのみならず、入居者を地域の多様な子育て支援につなげようとしている。

しかしながら、居住支援協議会のこうした活動はまだ例外的である。居住支援協議会の基礎自治体での機能を強めつつ、単に住宅弱者の入居を実現するのみならず、幅広い人々が暮らし続けるためのサービスとつなげていくべきである。こうした制度化がすすめられるならば、地域型居住の条件が広がる。「ナガヤタワー」や「シェア金沢」のような、新しい家族やコミュニティのかたちも後押しされることになろう。

併せて、地域型居住が多様に発展していくためにも、低所得者を中心に家賃を補助する住宅手当のような仕組みがますます重要になっていく。この住宅手当は、本書が代替型所得保障に代える補完型所得保障と呼ぶものの一つである。補完型所得保障は、先に述べたユニバーサル就労による所得を補い生活を成り立たせるためにも求められる。次節でまとめて論じよう。

4　補完型所得保障

代替型所得保障の困難

共生保障においては、従来の代替型の所得保障に対して、補完型の所得保障の比重を高め強化していくことが求められる。

代替型の所得保障とは、「支える側」であったが何らかの事情で(一時的にであれ)勤労所得を得ていくことが困難になった人に対し、あるいは病気、障害などで「支える側」として所得を得ることがもともと困難である人に対して、従前の所得あるいは標準的な所得を基準として、その所得を代替するものである。旧来の代替型の所得保障は、社会保険と公的扶助から成っていた。

「支える側」として就労していることを前提に、従前の所得が中断した時に、これを社会保障の給付で置き換えるものが、労災保険、失業保険、老齢年金保険などの社会保険であった。もちろん代替といっても、給付の水準は従前の所得に比べてせいぜいのところ五割から八割程度であるが、それでも安定雇用が行き渡っていた時代には、生活を維持する所得保障となりえた。

また、「支えられる側」として認定された上で給付される生活保護などの公的扶助なども、給付はさらに抑制されたが、形式上はそれで生活できる水準が想定されていた。

だが、安定雇用が解体していくなかで、こうした代替型の所得保障が成り立つ条件が狭められている。たとえば、非正規雇用労働者（正社員以外の労働者）の厚生年金加入率が五一・〇％、雇用保険加入率は六七・七％と低いことから窺えるように、非正規雇用増大のなかでは社会保険の加入割合が減少している（厚労省「就業形態の多様化に関する総合実態調査」平成二六年）。仮に社会保険に加入できたとしても、従前所得そのものの水準が低い場合、それを大きく割り込む保険給付では、生活が成り立たない。新しい働き方として挙げてきたユニバーサル就労や支援付き就労についても、そのすべてに社会保険を適用することは困難であろう。

補完型所得保障

これに対して、共生保障において重要になってくるのは補完型の所得保障である。補完型とは、たとえ就労していても勤労所得が低かったり不安定であることに対して、その勤労所得を補完する給付をおこない、生活が成り立つようにしようとするものである。ここで、給付を受ける人が「支える側」なのか「支えられる側」なのかという区分は、大きな意味をもたない。

補完型の所得保障とは、それでは具体的にはどのような制度か。たとえば児童手当などの家族手当や住宅手当は、家族扶養や住宅の費用の一部を給付して勤労所得を補うことがその目的の一つであり、補完型の所得保障と見なすことができる。

日本では、これまでこうした給付も、企業が従業員に支払う家族関連および住宅関連の手当として「内付け」されていたことは、第一章で見たとおりである。社会保障制度としての家族手当に所得制限がかかり、住宅手当は(生活保護の住宅扶助などを除けば)存在していなかったのはそのためでもある。

ところが、男性稼ぎ主の安定雇用の仕組みは揺らいでいて、企業の提供する補完型給付は、中小企業を中心に減少している。東京都の中小企業では、福利厚生としての住宅手当が給付されているのは二〇〇〇年の六一・三%から二〇一五年の四三・五%に、家族手当は同じ期間で七五・三%から五八・四%に減少している(東京都産業労働局「中小企業の賃金事情」平成二七年度版)。そもそもこうした手当を受けることができない非正規雇用が増大している。

それゆえに、こうした手当を公的な「外付け」の制度として拡充していく必要があるのである。補完型所得保障は、ユニバーサル就労、ベーシックワーク、共生型ケアなどを成立させるためにも重要である。本書がベーシックワークと呼んだ公的雇用を提起しているジアリーニとリートケ、アトキンソンは、いずれもその前提としてそれを補完するベーシックインカム型の所得保障を提起していた。

提起されているような補完型の（「パーシャル」な）ベーシックインカムも展望しつつも、当面の補完型所得保障としては、児童手当、児童扶養手当などの家族手当や住宅手当を公的給付として導入しあるいは増額していくことがまず考えられる。

給付付き税額控除

補完型の所得保障として、家族手当、住宅手当と並んで重要なのは給付付き税額控除であろう。この制度は、就労しているにもかかわらず所得が低い人々に対して、税を徴収する代わりに、所得を補完する現金給付をおこなう、というものである。アメリカの「勤労所得税額控除（ＥＩＴＣ）」が嚆矢《こうし》であり、イギリスの「就労税額控除」および近年それを他の所得保障と統合した「ユニバーサル・クレジット」の制度なども知られている。

実はアメリカでは、ヨーロッパ諸国に比べて福祉国家の発展が遅れたその分、働く困窮層に対処する補完型の所得保障については、新しい試みが重ねられてきた。

たとえば一九六九年八月にニクソン政権は、従来の公的扶助を負の所得税で置き換える「家族支援プラン」を発表した。負の所得税もまた、一定所得以下の人々から税を徴収する代わりに現金給付をする仕組みである。負の所得税もまた、給付付き税額控除とは異なり、勤労所得がない場合には一定額の最低保障給付をおこなう。つまり、ベーシックインカムに近い制度なのである。

「家族支援プラン」は、子どものいる世帯を対象としたもので、たとえば四人家族に勤労所得がない場合、一六〇〇ドルが最低保障として給付される(Ventry, Jr. 2001: 19)。勤労所得が七二〇ドルを超えると、一ドル所得が増加するごとに、この一六〇〇ドルのうち五〇セントずつ減額される。たとえば二〇〇〇ドルの勤労所得がある家族は、基礎控除の七二〇ドルを超えた一二八〇ドルについて、六四〇ドルが当初の一六〇〇ドルから減額され、給付額は九六〇ドルとなる。

アメリカでベーシックインカム型の所得保障がいち早く提起され、しかも一九七〇年四月にはいったん下院で賛成多数で可決されたというのは驚きである。この「家族支援プラン」が結局上院で廃案になった後に、一九七五年に代わりに導入されたのが、給付付き税額控除である「勤労所得税額控除」であったのである。

給付付き税額控除は、負の所得税と異なり、ベーシックインカム型の最低保障はない。つまり、勤労所得がない場合、給付もゼロである。人々が働いて勤労所得を得たにもかかわらず、それが一定額に達していない場合、所得の一定割合を給付によっていわば「嵩上《かさあ》げ」しようというのが給付付き税額控除である。「勤労所得税額控除」が導入された時に、この制度は「労働ボーナス」と呼ばれたが、この表現は制度の特質をいい当てている。すなわちこれは、労働者の就労意欲を高めつつ生活保障をすることを目指した補完型の所得保障なのである。

実際に導入された制度は、児童のいる勤労家庭を対象として、勤労所得が四〇〇〇ドルに至るまでそれに一〇％の給付を上乗せするというものであった。この給付の割合は四〇〇〇ドルから八〇〇〇ドルにかけて減額されていく。その後「勤労所得税額控除」は、アメリカで重要な所得保障制度として継続してきた。二〇一六年の段階では、たとえば子ども二人を育てる夫婦で五万一九八ドルまでの所得に対して、最高額で五五七二ドルまでが給付される（アメリカ内国歳入庁ホームページ）。

アメリカで、社会保障支出にカウントされない場合が多いものの、六〇〇億ドルを超える給付付き税額控除が給付されている事実は、再認識されてよい。給付付き税額控除はイギリス、フランスなどでも導入され、非正規雇用の増大とワーキングプアの広がりや働くひとり親世帯の困窮が問題視されるなかで、日本でも効果の高い施策として注目されてきた。二〇一二年六月に、「社会保障と税の一体改革」のために当時の民主党、自民党、公明党がまとめた「三党合意」でも、消費税一〇%の段階でその導入について議論をすることになっている。

他方で補完型所得保障は、経営者にとっては賃金を抑制する理由づけになりかねない。したがって、最低賃金の引き上げと並行して導入される必要がある。また、給付付き税額控除のような雇用連動型の制度は、家族手当や住宅手当など、直接雇用に連動しない給付と併せて拡大していくことが望まれる。家族手当のなかでも、児童扶養手当の増額は、子どもの貧困への対応としてもきわめて効果的である。

さらに、ユニバーサル就労などの多様な働き方と補完型所得保障の組み合わせが、一般的就労に対していわばB級の(いわゆる「劣等処遇」の)働き方、暮らし方として固定されてはならない。もともとユニバーサル就労とは一般的就労への移行を支える仕組みである。また、ユニバーサル就労および補完型所得保障が身近になることで、一般的就労の側においても、長時間労働や職場のストレスを見直すきっかけが広がるべきである。

5 包括的サービスへの転換

共生につなぐサービス

共生保障に求められているのは、人々が広く社会に参加し、支え合いのなかで力を発揮し続けることを支援することである。本章でこれまで見てきた共生の場の構築と併せて、そこに人々をむすびつける支援のあり方が問われる。すなわち、「支える側」を支え直し、「支えられる側」に参加機会を広げていくための、サービスのかたちである。

旧来の生活保障にあって、障害者、高齢者、困窮者などに対するサービスは、しばしば「支えられる側」を決められた基準に沿って絞り込み、そこに画一的なサービスを提供していく、というものであった。そもそも福祉サービスは行政措置とされ、当事者が保護されることは、秩序維持の結果であり反射的な利益にすぎないとすらいわれていたのである。

これに対して、措置型福祉からの脱却は早くから唱えられ、高齢者介護、障害者福祉、子ども子育てなど各分野で、民間の営利・非営利の事業者が競合しながらサービスを提供する準市場型の改革もすすめられてきた。介護保険制度、障害者福祉の支援費制度、子ども子育て新制度などが転換点であった。それでは一連の改革を経て、福祉サービスのあり方は共生保障に接近しているのであろうか。

自治体におけるサービス改革の現状と課題を検討するにあたって、共生保障に求められるサービスのかたちを整理しておくと、以下のようになる。

第一に、これからのサービスは、人々を雇用や多様な支え合いの場につないでいくことが求められる。第二に、それゆえにサービスの包括性と柔軟性が重要になる。第三に、包括的で柔軟なサービスを実現するためにも、NPOなど、民間の事業体も組み込んだ上で、利用者の選択可能性を広げる準市場型の供給体制が重要になる。第四に、生活保障の制度では、あくまで公的財源を基礎としてサービスが供給される必要がある。

ネットワークの乱立?

人々の地域社会への参加を困難にしている要因は複合的であるがゆえに、その打開のために包括的なサービスが求められる。ただし、縦割りの弊害をなくさなければならないというのは、これまでも主張され続けてきたことである。霞ヶ関の縦割り行政が、補助金や規制を通して自治体の自発的な取り組みを難しくしている、ということも繰り返し指摘されてきた。

その結果、「ワンストップサービス」と「ネットワーク」が盛んに唱えられることになった。この二つの言葉は、とくに福祉分野での審議会報告書が使う決まり文句のようになっている。ワンストップサービスとは、あちこち行政部局をたらいまわしにされることなく、一カ所で多様な問題への対応がなされる窓口のことである。

またネットワークとは、窓口の統合に留まらず、サービスの供給をめぐって多様な主体が協議し連携することである。厚労省は、しばしば自治体に協議会という名称の会議を設置することを求めてきた。そこで、行政、社会福祉法人、NPO、民生委員・児童委員、民間企業など多様なアクターが、ネットワークを形成することが望ましいとしてきた。

だがワンストップサービスも、協議会などによるネットワーク化も、仮に実現したとしても、縦割りの制度の枠内に留まる場合が多い。縦割りの中でいくつものワンストップ(?)がつくりだされ、またネットワークも乱立気味である。

高齢者介護においては、自治体で「地域包括ケアシステム」を構築することになっている。地域包括ケアシステムとは、高齢者が住み慣れた自宅で、自立した生活を送ることができるように、介護、医療、住宅、生活支援、介護予防の五つの分野でサービスを緊密に連携させることを意味する。

とくに二〇〇五年の介護保険改革以降、中学校区相当の地域ごとに設置されることになった地域包括支援センターとその総合相談支援の窓口がワンストップとなることが期待された。そして市町村に置かれる地域包括支援センターの運営協議会や地域ケア会議が、高齢者福祉分野でのネットワーク形成をすすめることになっている。だが、すでに明らかなように、ここでいう地域包括ケアとは、高齢者介護の分野における包括的ケアに留まる。

障害者福祉の分野では、二〇一三年に施行された障害者総合支援法において、障害の分野ごとに分かれていた相談事業をまとめる窓口として、市町村が「基幹相談支援センター」を設置できるようになった。

生活困窮の分野では、二〇一五年からスタートした生活困窮者自立支援制度において、「自立相談支援」の窓口を設置することが自治体に義務づけられた。そして、支援プランを作成する「支援調整会議」などを軸に、行政、NPO、社会福祉法人、民生委員・児童委員などがネットワークを形成することが奨励されている。

子ども子育ての分野では、二〇一五年から、地域の子育て世代のワンストップ拠点として、「子育て世代包括支援センター」が事業化された。ここでは総合的な情報提供とサービス利用者の支援、地域における事業の連携が目指される。児童虐待については、要保護児童対策地域協議会が置かれている。

だが、縦割りごとのワンストップと競合するネットワークが、本書が冒頭から課題としてきた福祉部局間および雇用部局と福祉部局の連携を大きくすすめたという事例は少ない。ネットワーク化を求められた自治体は、地域包括支援センターや自立相談支援などの事業を民間団体に委託し、委託先にネットワークの軸になることを期待する、というように、いわばネットワークづくりの丸投げ傾向も見てとれる。地域で同一の事業関係者や学識経験者が、たくさんの協議会をかけもちし疲弊し、自治体は会議の事務局としてその運営で消耗する、などという話もよく聞く。

以下で検討する事例に窺えるように、制度の連携がすすんだ自治体でも、その中心となった部局や制度は異なっている。逆にいえば、地域や自治体で異なる個人や部局が連携の軸になりうる柔軟性をどう保障するかが、共生保障の実現に向けた課題になる。

相談の包括化

サービスの包括的で柔軟な提供のために、まず入口としての相談窓口を軸にサービスがつながっていくことが考えられる。縦割りを超える(本当の)ワンストップサービスについては、すでに静岡県富士宮市が、福祉総合相談課を設置して、相談窓口の一元化を図っている。軸になっているのは、介護保険制度に基づく地域包括支援センターである。

通常、同市のように人口一三万人を超える自治体であれば、市内に数カ所あってよい地域包括支援センターをあえて直営の一カ所として、独自予算で付加的な人員も配置し、ここに障害や生活困窮の相談機能ももたせた。形式上は、生活困窮者自立支援法による自立相談支援事業や障害者総合支援法の相談業務は地域包括支援センターとは別であるが、福祉総合相談課のなかに両制度の窓口も設けられていて、地域包括支援センターによる相談業務とつながっている。

同時に、市内の一〇カ所に社会福祉法人やNPOに委託するかたちで、総合相談の出先機関ともいうべき地域型支援センターを設けている。この地域型支援センターは、地区社会福祉協議会などと協力して、市の地域包括支援センターから持ち込まれた問題について現場対応をしたり、あるいは逆に福祉総合相談課に地域の問題を上げたりする。地域包括支援センターと一〇カ所の地域型支援センターが対応した相談件数は、二〇一三年には二万一八六〇件に達した。

富士宮市の福祉総合相談課の課長などをつとめて、現在は「さわやか福祉財団」の戦略アドバイザーである土屋幸己さんは、こうした総合窓口の取り組みをすすめてきた背景として、市民の抱える困難の複合化をあげる。土屋さんが実際に対応した事例では、「母親の認知症が分かりその介護に取り組んでいた女性が、子どもさんにも障害があることが分かりうつ病になってしまい、夫とも離婚して生活困窮に陥った」ことなどがあるという。

世帯内で困難が連鎖し複合化する傾向を指摘してきたが、この事例などはその典型といえる。

ただでさえ力を失っているこうした当事者が、縦割りの制度をたらいまわしされることになっては、支援は成立しないであろう。土屋さんは、同種の事例が増えていることを指摘しつつ、「福祉総合相談課の職員は、こうした困難事例で逆にモティベーションを高めました」という。手元に問題解決の制度資源が揃っているからである。

支援プランの包括化

サービスの包括化という点では、埼玉県和光市の取り組みも注目される。和光市は、市の保健福祉部を中心にコミュニティケア会議を活発におこなってきたことで知られる。コミュニティケア会議は、介護保険制度に関わるケアマネジャー、医師、理学療法士、作業療法士、管理栄養士、薬剤師などが集まり、高齢者一人ひとりのケアプランを検討し、最適化するものだ。

和光市役所でおこなわれるこのコミュニティケア会議を傍聴すると、一人ひとりのケアプランが、多職種によって総合的に検討されていることがよく分かる。ケアマネジャーの提案するプランに対して各専門職らが意見を述べる現在の会議は、家族関係や居住の状況などもふまえてきわめて包括的な検討がおこなわれ、時にはプランのあり方について厳しい意見が交わされる。

和光市保健福祉部は、こうした会議が介護保険制度における保険者である自治体の責任を果たすためのものであることを強調する。すなわち、高齢者の生活自立という目標に最適なケアプランをつくることで、本人の生活の質が改善され、介護保険からの支出も適正化されるからである。

和光市では、二〇一八年を目途に、このコミュニティケア会議に、高齢者部会、こども部会、障害部会、生活困窮部会の各部会を設けて、ライフステージ全般に関わる中央コミュニティケア会議に再編していくことを目指している。現状では連携していない四つのケアをつなげてケアの包括性を強める、というのがその目標である。決して容易いことではないと思われるが、もし多くの人々が抱える複合的な困難に、制度を横断した包括的支援のプランが作成されるとすれば、その意義は大きい。

現在、コミュニティケア会議は、市内の三つのエリアの地域包括支援センターとつながりながらすすめられているが、こうした支援の現場を連携させていくことも課題となる。中央コミュニティケア会議の設置と並行して、それぞれの地域包括支援センターを、子ども分野での子育て世代包括支援センター、障害者分野の地域活動支援センター、生活困窮者自立支援制度の各分野のセンターとつなげていくことも構想されている。

ケアサービスの包括化と地域共生

相談や支援プランづくりの包括化と並んで、ケアサービスそのものの包括化が最後の課題となる。ケアサービスそのものの包括化とは、施設や在宅で提供されるサービスが総合的なサービスになっていくこと、それに関連して、人材育成や資格制度が医療、介護、保育、幼児教育など、複数の分野をまたがるものになっていくことである。

こうしたサービス包括化の一つのモデルが、本章で取り上げてきた共生型ケア（共生型プログラム）の系譜である。共生型ケアは、もともとは高齢者、障害者、子どもを、同一のデイサービスにおいて、相互の支え合いも支えつつケアすることから出発した。そこから近年では、富山市の「はたらくわ」に見られたように、共生型ケアのなかに就労支援の要素を組み込み、ユニバーサル就労との接点を広げる動きがある。また、「ナガヤタワー」や「シェア金沢」に見られたように、共生型ケアを居住空間において展開する試みも広がり、地域型居住との連携も広がっている。

さらにその延長で、共生型ケアを地域社会全体との共生として推進しようとする流れも生まれている。共生型ケアの各地域での展開をリサーチした奥田佑子らによれば、富山におけるような「場の共生」から始まった共生型ケアは、熊本や高知では「地域共生」として展開されている。たとえば熊本では、「農縁づくり」として農業での障害者の雇用を広げつつそこに地域の拠点を設ける試みが広がり、また高知では、社会福祉協議会が中心になって中山間地における小規模多機能の福祉拠点づくりが追求されている(奥田・平野・榊原 二〇一二)。

北海道当別町で、社会福祉法人「ゆうゆう」を中心にすすめられている共生型ケアも、地域共生型の事例といえる。同法人による共生型の事業にはカフェ「Garden」やコミュニティ農園「ぺこぺこのはたけ」があり、どちらも、カフェやレストランでの障害者の支援付き就労を軸に、高齢者の介護予防拠点、子どもの居場所の機能が相乗的に連携させられている。

そして、併せて追求されているのが、地域との共生である。「Garden」では、高齢者や家族が集まる認知症カフェが開かれる一方で、介護予防活動として高齢者が集まった地域の子どもたちに駄菓子を販売し、レジの精算などもする。カフェのキッチンは地域住民へ日単位で貸し出され、料理好きの住民が集ったり、プロの料理人の宣伝の場となったりする。そのような場合もカフェのスタッフをつとめるのは障害者で、こうしたイベントは住民と障害者が協力してすすめるのである。さらに「ぺこぺこのはたけ」では、障害者が働くレストランで使う食材の一部を併設する農園で栽培する。この農園では、障害者や認知症を患った高齢者が就労するが、地域の高齢者も手伝いにやってくる。

ここに貫かれているのは、ケアの場を地域とつないでいくというより、共生型ケアの場に地域の共生関係を引きよせていく発想なのである。

小さな福祉拠点の構築

ある程度の規模をもった都市でのサービスの包括化を見てきたが、より小さな自治体においては、相談からサービス提供に至るまで多様な機能を包括化した小さな拠点づくりが取り組まれつつある。

島根県雲南市では、公民館を地域福祉、地域づくり、生涯学習を担う交流センターに改組し、ここに自治会や消防団、ＰＴＡなどがつながる地域自主組織を立ち上げている。市内には人口平均一三〇〇人前後の規模で三〇の地域自主組織があり、地域文化の継承や高齢者の買い物支援など実に多様な活動に取り組む。こうした取り組みは小規模多機能自治と呼ばれている。この地域自主組織と同様の仕組みの導入を検討し、あるいはすでに導入した自治体などがつくる「小規模多機能自治推進ネットワーク会議」には二三〇の自治体が加入している(二〇一六年一一月)。

雲南市の場合、注目してよいのは、社会福祉協議会の人件費を市からそれぞれの地域自主組織に直接交付し、福祉推進員というかたちで専任の職員を各地域に配置していることである。こうした体制のもとで、地域自主組織が高齢世帯への配食事業を展開したり(塩田地区振興会)、地域住民による幼稚園の放課後の預かり保育を実施し、認定こども園の立ち上げにつなげたり(海潮地区振興会)、あるいは住民の合意のもとで福祉カードを作成し見守りや支援が必要な人の登録をおこなうなどしている(新市いきいき会)。

雲南市でこの小規模多機能の地域組織づくりに関わってきた雲南市政策企画部主査の板持周治さんによれば、こうした小規模多機能の拠点は、介護や保育の公的な制度と有機的につなげていくことができるという。たとえば、この地域自主組織と連携して、より広域的な地域包括支援センターの運営を支え補完していくなどである。

こうした多様な可能性をもち、専任の職員が配置されているにもかかわらず、現在のところ地域自主組織は任意団体である。雲南市をはじめ、三重県伊賀市、名張市、兵庫県朝来《あさご》市など「小規模多機能自治推進ネットワーク会議」を構成する自治体は、小規模多機能自治のための新しい法人格を制度化していくことを目指している。

国の対応

共生の場につなぐサービスは、複合的な問題に包括的に対応するサービスである。相談、支援プラン、ケアサービスそれぞれの次元で包括化への展開が始まっている。行政組織から縦割りを完全になくしてしまうことは不可能であるし、それでは逆に業務の遂行を妨げる。しかし、制度の縦割りに拘束されることなく、このようなかたちでの包括化がすすみ、さらに様々な共生の場づくりと連動するならば、制度の「間」に落ち込んだ多くの困難への対応が可能になろう。

厚労省のなかでもこうしたサービスの包括化をすすめようとする動きがある。二〇一五年九月に厚労省のプロジェクトチームがまとめた報告書「誰もが支え合う地域の構築に向けた福祉サービスの実現」はその例である。この報告書では、まず相談や支援プランの連携については、富士宮市や和光市の例と同じく、地域包括支援センターを基礎に、高齢者以外の広いニーズに対応する「全世代対応型地域包括支援センター」を設置することが考えられるとしている。

また、サービスの提供体制についても、相談窓口と関係機関をつなげるコーディネーターの配置や、地方における小さな福祉拠点の整備をすすめるべきとしている。見てきたように、いずれも地域で取り組みが始まっていることを追認したかたちではあるが、厚労省のなかで複合的なニーズへ積極的に対応することを後押しする動きがあることは重要である。

さらにこの報告書では、複数の経営による縦割りを超えた事業の共同実施を可能とし、児童施設から高齢者施設へといった転用を妨げず(現状で求められている補助金返還などの見直し)、福祉職の多様なキャリアパスを可能にするための福祉人材の分野横断的な資格の整備をすめることなどにも踏み込んで議論している。

ただし、相談窓口、ケアサービス、施設経営、専門職資格等の包括化は、今日の財政的困難を背景にすすめられた時、補助金の削減や処遇の劣化の口実となる可能性も否定できない。共生型ケアにおいては施設経営やサービス供給が効率化するのだから、コストは削減されてよいというのは誤りである。

支え合いを支えるケアのためには、介護や保育といった縦割りを超えたより広い専門性を必要とする。万一の事故を防ぎ、豊かなつながりを可能にするためにも、人員の配置はむしろ強められなければならない。ユニバーサル就労との連携が求められれば、その専門性は旧来の福祉を超えて、雇用やまちづくりもカバーするものとなる。共生保障のビジョンは、廉価なサービス供給のためではなく、サービスの付加価値を高めその供給にあたる雇用条件も改善するためのものである。

また、厚労省からこのような動きがあるからこそ、よけいに強調されるべきは、相談やサービスの包括化について、全国一律の方法はない、ということである。地域や自治体ごとに、包括化の要となる制度や人や協議会は異なってこよう。厚労省の報告書にあるように、ある自治体では介護保険制度の地域包括支援センターが「全世代対応型」になり、サービスが包括化されるかもしれない。またある自治体は、生活困窮者支援の自立相談窓口が包括化の軸になるかもしれない。また別の自治体は富士宮市のように、新たに包括的な相談部局を設置するかもしれない。

地域や自治体のどこに意欲と力量のある人がいるか、あるいは、これまで縦割りの制度間でいかなる調整が図られてきたか等によって、包括化の出発点は異なってくる。共生保障は、いわば「ご当地モデル」をとおしてのみ具体化しうるのである。

本章のまとめ

共生保障に接近するための制度は、共生の場を一般的就労や私的居住を超えて構築していくことと、人々をそこにつなぐサービスを整備することが二つの柱となる。

新しい共生の場については、雇用と福祉が相互に乗り入れるかたちで、ユニバーサル就労や共生型ケアを定着させていく施策が必要である。具体的には、障害者雇用の就労継続支援などの対象を拡張するかたちで、ユニバーサル就労を導入する企業への支援を強めること、自治体が地域の企業へ働きかけて支援付き就労の開発をすすめること、ベーシックワーク型のプログラムを拡大することなどである。居住についても、多様な地域型居住の流れを促進するために、居住支援協議会の機能を拡大しつつ市町村での居住支援を強める必要がある。そして、新しい就労についても居住についても、賃金を補完し家賃を補助する補完型所得保障が重要になる。給付付き税額控除に加えて、児童扶養手当の増額を含めた家族手当の強化、住宅手当の導入などである。

また支援サービスは、①人々を雇用や居住コミュニティにつなぎつつ、必要に応じてそこから離れて、教育や訓練、身体とこころのケアなどを受けることを可能としなければならない。そのためにも、②世帯や個人の事情に対応できる包括的で柔軟なサービスが求められる。そして包括的で柔軟なサービスを実現するためにも、③その担い手として行政と多様な民間の事業体が連携していくことが期待される。だからといって共生保障は営利企業を軸にした市場によって担われることはできない。共生保障は、多様な困難を抱える多数の人々を、社会につなぎ能力を発揮することを可能にする仕組みである。したがって支援サービスは、④公的な財源に基づき最低限の自己負担で提供されるべきである。

　本章では、前章からの議論も受けつつ①と②について論じてきた(①については「交差点型社会」との関わりで前章でも論じた)。そして③と④については、一九九〇年代からの国の普遍主義的改革とサービスの準市場化との関連で、次章において掘り下げたい。

第四章

社会保障改革のゆくえ

1　普遍主義的改革の逆説

共生保障と社会保障改革

新しい生活保障としての共生保障という考え方を示したうえで、あるべき制度のかたちを考えてきた。主には雇用、居住、コミュニティなどについての共生の場の拡大と、人々をそのような場につなぐ施策を検討してきた。

こうした構想は決して新奇なものではなく、一方では、地域の多様な取り組みの経験に根差したものである。また他方では、これまで推進されてきた社会保障改革のビジョンとも重なるところがある。

一九九〇年代からの社会保障改革の基調は、普遍主義的改革であった。普遍主義とは、選別主義と対置される言葉である。選別主義は、社会保障や福祉を、一部の選別された社会的弱者に限定して提供しようとする考え方である。そのために、資産調査などで「支えられる側」の対象者を限定し、受給者に恥辱感(スティグマ)を与えることもある。これに対して普遍主義は、社会保障や福祉へのニーズが社会全体に広がっているという見方に基づき、すべての人々をサービスの対象としようとする。

ここ三〇年ほどの社会保障改革は、基本的にはこの普遍主義の理念を打ち出しつつすすめられてきた。普遍主義の考え方は、すでに明らかなように、「支える側」「支えられる側」の二分法を超えようとする共生保障と重なるものである。にもかかわらず、この国の社会保障・福祉が、本書のいう共生保障に接近しているとは思われない。中間層を含めてすべての人々を福祉の対象とするという改革が、逆に自己負担の増大などで低所得者の排除につながっているという見方もある。

普遍主義的改革はなぜ空転しているのか。社会保障改革の流れを共生保障へつなげるためには何が必要か。本章ではそのことを浮き彫りにしていく。そのためにまず普遍主義的改革の流れを振り返り、それがどのような条件のもとで進行し、現状ではいかなる制度に帰着しているかを見ていきたい。

とくに、措置から契約へというスローガンのもと、準市場の制度が導入されてきたことに注目する。準市場とは、市場型のサービス供給とはまったく異なり、公的な財源を基礎に多様な民間の事業体がサービス供給を担う体制である。これまでの社会保障改革においては、介護、障害者福祉、保育などの領域でこの準市場化が目指されたはずであった。

以下では、準市場化が本来は共生保障にとっても有効な条件であるにもかかわらず、それがむしろ市場化に近いかたちで展開し、制度のあり方を共生保障から遠ざけてしまっている現実を示したい。さらに準市場化をめぐるこうした展開の背景として、普遍主義的改革それ自体を制約した三重の構造的ジレンマという問題を明らかにしたい。

普遍主義的改革の始まり

後発福祉国家としての日本では、男性稼ぎ主の安定雇用を守ることを軸とした生活保障が定着した。雇用を軸とした生活保障は、今日から見て評価されるべき点もあったが、「支える側」「支えられる側」という二分法を顕著なものとする結果になった。

また、そこに組み込まれた社会保障観にも問題があった。旧来の日本型生活保障では、社会保障のコストは、しかるべき基準で絞り込まれた「支えられる側」のためのやむを得ぬ支出とされることが多かった。つまり先に述べた選別主義的な、あるいは救貧的な社会保障観が基調にあった。

それ以外の世の中の原則は、「自助」と「自己責任」であり、社会保障や福祉の「お世話にならない」ことが基本とされた。実際には、「自助」を誇った男性稼ぎ主もまた支えられていたのであるが、そのことは忘却されたままであった。

こうした救貧的かつ選別主義的な社会保障観は、二度の石油ショックを経て、国の財政赤字がしだいに拡大するなかで、改めて積極的に打ち出されるようになった。一九七九年には、大平内閣が消費税の導入を閣議決定するが総選挙で敗北、続く鈴木内閣において設置された第二臨調(第二次臨時行政調査会)は、「増税なき財政再建」を掲げ、財政支出の削減を追求した。

一九八一年七月の第一次答申(緊急答申)から一九八三年三月の第五次答申(最終答申)まで、第二臨調は、医療費の抑制、年金の国庫負担引き下げ、児童手当への所得制限強化など、多分野での社会保障削減を主張した。第一次答申は、「真に救済を必要とするもの」の福祉水準のみを維持するという救貧的で選別主義的な主張をおこなった。そして第三次答申は、租税負担と社会保障負担の国民所得に占める割合である国民負担率についても、ヨーロッパ諸国に比べて「かなり低位にとどめることが必要」とした。

選別主義的で救貧的な社会保障観と連動した「増税なき財政再建」路線のもと、一九八二年の老人保健法の成立や一九八四年の健康保険法改正などで医療費の自己負担が増大し、また一九八五年には、国の補助率が二分の一を超える生活保護の国庫負担金などについて、補助率が削減され、自治体の負担が増やされた。

こうした動きに対して、当時の研究者、福祉関係者、厚生省などの間で、「臨調行革」と一線を画した社会保障改革の考え方がかたちを取り始める。そこで打ち出されたのが、普遍主義の考え方であった。

この時期に普遍主義の立場を代表した三浦文夫らは、救貧的福祉観を、「いかにも消極的で時代おくれ」と批判した。そして、「貧富に関わりなく、ニードに応じて誰もが必要なサービスを享受することができる体制」として普遍主義を掲げた(三浦 一九九五)。一九八六年の『厚生白書』も、福祉サービスは「低所得者を対象とした個別的選別的サービス」から「所得に関係なく国民全体を対象とした一般的普遍的サービス」に変容しつつあるとした。その後の社会保障改革は、基本的にはこの普遍主義の方向をたどっていくことになる。

普遍主義的改革の展開

第二臨調のもとでの「増税なき財政再建」路線が、それに対抗する普遍主義的改革が浮上した背景であった。そして一九八〇年代の半ばになると、「増税なき財政再建」路線の限界も露呈し、消費税導入は不可避であるという見方が広がった。竹下内閣のもとで決定された消費税の導入は、一九八九年四月に実施された。

この国では増税とくに消費税の引き上げは政権に大きな打撃を与える。同年の参議院選挙で自民党は惨敗した。これを受けて当時の橋本龍太郎蔵相のイニシアティブで、自民党政権は消費税の使途として高齢者介護サービスなどの拡充をすすめることを打ち出した。財政的困難を打開する増税の正当化のために、本来は高コストのはずの社会保障の普遍主義的改革が着手されたのである。

普遍主義的改革の軸は介護などのサービス給付であり、その担い手として重視されたのは自治体であった。一九八九年一二月には、「高齢者保健福祉推進一〇カ年戦略(ゴールドプラン)」が策定され、一九九〇年には福祉八法改正がおこなわれ、自治体のサービス推進体制が整備された。そして、一九九七年には介護保険法が可決・成立し、二〇〇〇年から施行された。介護保険制度の導入により、介護サービスの財源は、市町村を保険者とする社会保険制度を基礎に、原則一割の利用者負担と国および自治体の税負担で賄われることになった。

こうして財源のベースを広げたことで、給付の総費用は導入年の二〇〇〇年には三・六兆円だったものが二〇一四年には一〇兆円を超える規模となった。在宅と施設などを併せたサービスの利用者数は、二〇〇〇年四月の一四九万人から二〇一三年には四七一万人にまで伸びた。

介護職員(非常勤を含む)は、二〇〇〇年の五五万人から二〇一三年には一七一万人まで増大した(「第一〇〇回社会保障審議会介護給付費分科会資料」平成二六年四月、『朝日新聞』二〇一五年六月二五日朝刊)。介護保険の導入は、たしかに普遍主義への接近となり、旧来の社会保障と福祉にあった恥辱感を解消することに貢献した。

この普遍主義的改革は、その後、障害者福祉に広がり、そして保育の分野にも及んでいく。二〇〇三年には障害者が事業者との契約で福祉サービスを選択しつつその費用を給付される支援費制度が導入され、同制度は二〇〇六年には利用者の応益負担を強めた障害者自立支援制度に再編された。さらに保育分野でも措置制度からの転換が追求されてきた。二〇一五年に施行された子ども子育て新制度では、民間保育所については引き続き自治体が利用者のあっせんに責任をもつものの、保育サービスは原則として利用者と事業所の契約に基づいて給付されることになった。

このように、介護、障害者福祉、保育の各分野をとおして、自治体が担い手となる普遍主義的なサービスで、措置型の福祉から決別することが追求された。また、高齢者、障害者の自立支援や、働く母親の就労支援が打ち出された。その点では共生保障の考え方に沿った改革となってもよいはずであった。しかしながら、少なくとも現状では、この国の生活保障が全体として共生保障に接近しているとはいい難い。

普遍主義的改革の三重のジレンマ

普遍主義的な改革が、掲げた目標のようにすすまないのは、それが三つの深刻なジレンマあるいは矛盾のなかで進行してきたからである。

第一に、本来は大きな財源を必要とする普遍主義的改革が、成長が鈍化し財政的困難が広がるなかで（その打開のための消費税増税の理由づけとして）着手されたということである。

一連の普遍主義的改革のなかで、介護保険が少なくとも当初は順調に立ち上がったように見えたのは、この制度が、財政の半分は国と自治体の税財源に依拠するものの、社会保険というかたちで財源を確保できたからである。高齢社会が到来し、介護は大多数の人にとって避けがたい長期にわたるリスクとなった。それゆえに高齢者介護については、社会保険化が可能だったのである。これに対して、障害者福祉や保育のニーズは、介護に比べて誰しも不可避とはいえない面があり、社会保険化は困難であった。したがって、財政的困難のなかで税財源へ依拠するというジレンマがいっそう深まった。

第二に、第一章から論じてきたように、自治体の制度構造は「支える側」「支えられる側」

の二分法に依然として拘束されている面がある。にもかかわらず、普遍主義的改革においては、その自治体にサービスの実施責任が課された。

第三に、救貧的福祉からの脱却を掲げた普遍主義が、中間層の解体が始まり困窮への対処が不可避になるなかですすめられた、という逆説である。日本社会で救貧という課題が現実味を増すなかで、救貧的施策からの転換が模索されるという皮肉な展開となったのである。そして新たな目標であった自立支援は、雇用が劣化して多くの人々の就労自立が困難になるなかで取り組まれた。

すなわち、共生保障とも重なる普遍主義的改革は、財政危機、自治体制度の未対応、雇用の劣化による中間層の解体という三重のジレンマのなかで、進行したのである。この三重のジレンマこそが、普遍主義的改革の展開とその結果を方向づけた。

普遍主義的改革の脆弱さ

普遍主義的改革は、救貧的福祉からの転換であるが、その制度と方法は一様ではない。スウェーデンのような、税財源に依拠し、政府や自治体が担い手となり、無償で提供されるサービスだけを普遍主義と呼ぶ立場もある。けれども日本の場合、このようなジレンマのなかで普遍主義的改革をすすめざるを得なかったからこそ、スウェーデンのような北欧型の普遍主義を採ることができなかった。

介護保険に見られたように、財源として社会保険を導入するなど、税財源への依存を小さくすることが追求された。また、政府や自治体だけでなく営利、非営利の多様な民間の事業体がサービス供給を担うことになった。さらに、サービス給付の自己負担も導入された。

念のためにいえば、民間の事業体がサービス供給を担うからといって、普遍主義的改革のあり方として劣る、ということはない。この後でも論じるように、こうした準市場型の普遍主義は、包括的なサービスを柔軟に提供するという点では、共生保障の条件としてはむしろ好ましくすらある。

その一方で、準市場を軸とする普遍主義のかたちは、財源の逼迫や困窮の広がりによって打撃を受けやすい。多様な民間の事業体のなかで、営利企業の比重が高まり、非営利であっても低予算での事業を余儀なくされ、サービス利用者の自己負担も増すことになる。こうした傾向が強まっていくと、普遍主義的な社会保障・福祉というよりは、単に市場をとおしてのサービス供給に接近してしまう。

これまで見てきた、地域における共生を生み出す多様な取り組みは、国の普遍主義的改革に乗ってすすめられたわけではない。普遍主義的改革の円滑な進行を阻む財政状況や自治体の制度に抗いつつ、地域の創造的なイニシアティブですすめられたのである。逆にいえば、こうした地域の経験には、普遍主義的改革を本来の趣旨に近づけていくための多くのヒントがあるのである。

以下では普遍主義的改革の流れを振り返り、その進展を阻んだ財政危機、自治体の状況、中間層の解体について順次見ていこう。

「小さな福祉国家」の財政危機

普遍主義的改革は、まず国と自治体の財政的困難によって制約されてきた。日本の生活保障においてGDP比でみた社会保障支出が先進国の水準となったのは、高齢化が進展した近年のことである。にもかかわらず、日本では国と地方の借金が早くから巨額なものとなっていった。「小さな福祉国家」の財政赤字はなぜここまで深刻化したのか。その理由は、やはり旧来の日本型生活保障のあり方と関連している。

これまでの日本型生活保障においては、「支える側」としての男性稼ぎ主の雇用を維持する仕組みが重要で、公共事業など形式的には生活保障の制度と見なされない支出が肥大化していた。しかしながら、こうした支出は権利として制度化されたものではなく、納税の見返りとは見なされなかった。生活保障というより利益誘導政治のなかで、納税者に対してより有権者に対して、税の還元としてより票と献金の代価として、財政支出がなされ雇用が確保されていたのである。

他方で、社会保障面では納税の見返りは小さかった。とくに、現役世代の納税者にとって重要な保育や教育については、日本型生活保障の構造ともあいまって、支出は抑制されていた。たとえば近年でこそ政府は待機児童解消を謳うが、社会保障改革論議の引き金ともなった第二臨調の第一次答申では、保育所について「その新設は、地域の実情に配慮しつつ、全体として抑制する」ことを求めていたのである。これは専業主婦による子育てを原則とするという日本型生活保障に組み込まれた考え方の表れであった。教育についても、長期的雇用慣行を前提に企業がとくに職業的技能などについて教育機能を吸収し、公教育支出は抑制され、家計負担は増大した。

税が社会保障などに還元されている感触の乏しい生活保障のあり方が、納税者に税への信頼を失わせ、増税をいっそう困難にした。日本の政治家にとって、消費税引き上げは政治的には「自殺行為」に近いとされる。実際のところ、消費増税が争点となった国政選挙では、政権党

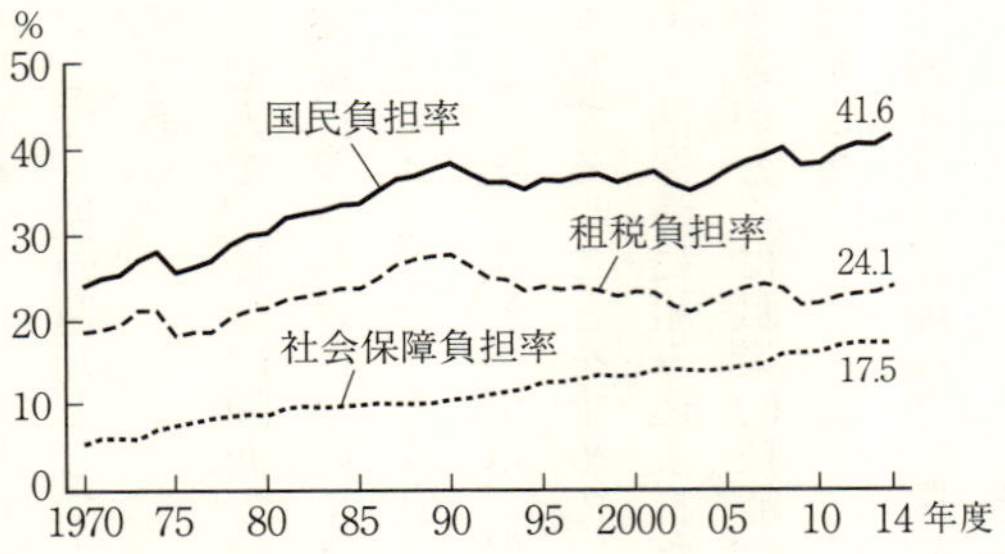

出所：財務省ホームページ

図 4-1　税負担率と社会保障負担率

が何度も惨敗を喫してきた。そのこともあって、政権党はしばしば所得税等の減税との抱き合わせで消費税の増税をおこなったが、その結果、担税力のある層の負担が軽減されることになり、税が生活保障を支えていくことがさらに難しくなった。

税を上げていくことが困難であるために、社会保険への依存度が高まっていった。図4－1に明らかなように、一九九〇年に二七％を超えていた租税負担率は、二〇一四年で二四・一％とむしろ低下している。これに対して、一〇％程度であった社会保障負担率は、同じ期間に一七・五％まで上昇している。だが、国民健康保険の保険料負担が低所得世帯に重くのしかかっていることからも窺えるように、社会保険のほうが所得に逆進的なのである。

その一方で、社会保険を広く成立させるために、その財源には、社会保険制度間の財政調整と並んで、国や自治体の負担で税が投入された。たとえば国民健康保険や政管健保（現在の協会けんぽ）、基礎年金などの財源には多額の税が投入され、「支える側」を含めて支えていた。結果的に財政支出が増大したにもかかわらず、社会保険制度が複雑化して支え合いの意識が醸成されにくく、納税者にとっても投入された税の効用が感じにくい、ということになった。

かくして日本は、どの国も経験したことのない急速な高齢化がすすむなかで、先進国で最大の公的債務を抱えつつ、にもかかわらず税負担は「小さな政府」の代表格であるアメリカよりも小さく、それでいてとくに低所得層の負担感が大きな国となった。

自治体制度の機能不全

普遍主義を掲げ自立支援を打ち出した社会保障改革を制約し、共生保障の実現を困難にしてきた第二の要因として、自治体の制度を挙げることができる。普遍主義的な改革は、介護、保育、障害、就労支援などのサービスを中間層も対象として広く給付することを目指してきたが、その主要な担い手は自治体であった。

普遍主義的改革に先鞭をつけた一九九〇年の福祉八法改正は、社会福祉の分権化を掲げてすすめられた。高齢者および身体障害者の入所措置権が町村に移譲され、老人保健福祉計画の策定が市町村に義務づけられた。さらに、介護保険制度、障害者総合支援制度、子ども子育て新制度などの執行が自治体に委ねられ、そのための窓口や協議体(ネットワーク)の設置が求められてきた。

ところが日本の自治体の制度は、旧来の生活保障のかたちに制約され、普遍主義的な政策を執行していく上でいくつかの困難を抱えていた。とくに就労による自立の支援については、制度的な制約が大きかった。自治体の制度で「支える側」の雇用と「支えられる側」の福祉が分断されてきたことは第一章で述べたが、そもそも自治体の雇用部局は、積極的な雇用創出や雇用の安定化に取り組んだことがない場合が多い。これまで自治体にとって雇用は、政治家による公共事業の箇所付けや業界保護の規制などによって、いわば「上から降ってくる」ものであった。前章では多くの人々に雇用機会を広げていく豊中市などの取り組みを紹介したが、こうした事例はあくまで例外的なのである。

次に、人的資源上の制約である。専業主婦による子育てや介護に期待した旧来の制度も影響して、公共サービスを担う自治体職員の数は先進国のなかでもきわめて少なかった。かつて野村総研が計算したところでは、人口一〇〇〇人中の地方公務員数(二〇〇四~〇五年)は、アメリカが六四人、ドイツが四七・三人、フランスが四二・七人であるのに対して、日本は地方公社等を併せても二九・六人であった(野村総研「公務員数の国際比較に関する調査報告書」平成一七年一一月)。

そしてその後も、家族による介護や育児がより困難になっていくなかで、地方公務員の数はさらに抑制されていった。二〇〇五年には一〇四万人を超えていた一般行政職員数(福祉関係を含む)は、二〇一五年には九〇万人台にまで減少している(総務省ホームページ)。たとえば福祉事務所のケースワーカーは、一人が対応する被保護世帯は八〇までという基準が一九九九年に緩和され、自治体によっては一人が二〇〇以上の世帯を担当する、ということもある。

行政が縦割りを超えていく、というのは共生保障にとっての大事な条件であるが、自治体で働く側からすれば、縦割りの制度は過大な業務から身を守るのに必要やむを得ぬ防御壁、ということになってしまうのである。

さらには政治的な制約である。旧来の日本型生活保障は、第一次産業、建設業、小売業の保護を組み込んで成立していた。政治と行政との密接な関係ゆえに、地方政治においてはこうした業界関係者の政治的影響力が高まった。地方議員の職業を二〇一五年の調査で見ると、市議会議員で農林漁業・建設業・小売業が二四%、町村議会で四六%に及ぶ。性別からみると男性が市議会で八五・六%、町村議会で九〇・六%である(全国市議会議長会「市議会議員の属性に関す

る調」平成二七年八月集計、全国町村議会議長会「町村議会実態調査結果の概要」平成二七年七月一日)。

職業や性別で政治的見解が決定されるわけではない。しかしながら、地方議員が旧来の日本型生活保障に足場をもち介護や育児などとも疎遠である場合、生活保障の転換の先頭に立つことは困難であろう。子育てや介護は長い間、自治体の主要な政治争点から排除され、主婦による「私的」なケアに押し込められる傾向があった。

中間層の解体

普遍主義的改革の第三のジレンマは、救貧的な社会保障からの脱却を唱える普遍主義が中間層を支えてきた安定雇用が揺らぎ始めるなかで開始されたという点である。普遍主義的改革が本格化して間もない一九九〇年代半ばから、現役世代の雇用劣化と困窮が急速に広がっていく。いったん過去のものとなったかに思われた貧困が再び問題となり始めたときに、普遍主義的改革がすすめられたのである。

厚労省の国民生活基礎調査を基にした相対的貧困率は、一九八五年の一二・〇%から基本的に上昇を続け、二〇〇〇年には一五・三%、二〇一二年には一六・一%とOECD諸国のなかでもメキシコ、トルコ、アメリカなどに次いで高い水準に達した(図1-2参照)。

普遍主義的な社会保障・福祉は、中間層の解体や困窮化の進展を抑止することはできないのか。日本における普遍主義は、北欧型の普遍主義とは異なり、介護保険に見られるように社会保険をも財源として、民間の営利・非営利の事業者を組み込み、一定の自己負担を導入してすすめられた。背景にあったのは、財政的困難のなかで普遍主義が打ち出されたという日本の事情である。

ところが、このようなかたちの普遍主義は、中間層の解体と雇用の劣化に対してとくに脆弱である。介護保険の第一号被保険者（六五歳以上）の保険料は、導入当初平均で二九一一円であったものが、二〇一六年の段階では五〇〇〇円を超えつつある。二〇〇五年の介護保険改革には、施設の居住費や食費の徴収、軽度サービスの利用増大を防ぐ介護予防の強化などが盛り込まれた。二〇一五年八月からは、年間所得が一六〇万円以上の世帯を中心に自己負担が二割となった。

こうした負担に耐えられない層が増大し、保険料の減免措置をおこなっている自治体が三三・二％あり、また自己負担の減免制度を導入している自治体は九割前後に及ぶ（森 二〇一五）。にもかかわらず、経済的理由からサービスの利用を手控える利用者は、すでに二〇〇八年の東大阪市における調査で、要介護度４で四〇・〇％、要介護度５で三八・二％に上っていた（榊原・伊藤・三上 二〇一四)。

このように、社会保障・福祉の対象を「支える側」の中間層を含めて広げようとした普遍主義的改革は、中間層の縮小という流れのなかで、逆に低所得層を排除する傾向を帯びてくる。「支えられる側」と目された人々の自立支援についても、就労支援に財源が回らないままむ。非正規の不安定な雇用しか選択肢がない状況では、自立支援は空回りし、劣化した就労の義務づけという性格を強めていく。

2 準市場の導入と結果

準市場とは何か

日本における普遍主義的改革は、北欧のように税財源で自治体がサービスを提供するものとは異なっていた。介護保険のように社会保険に組み込みつつ、民間の営利、非営利の多様なサービス供給主体を組み込んでいくものであった。公的な財源に基づくという点で一般の市場とは異なるが、多様な供給主体から利用者がサービスを選択できる点では市場との共通性もある。このような仕組みは準市場と呼ばれる。

今日求められるのは、予め行政が決定した「ニーズ」に沿って「支えられる側」を保護するサービスではなく、「支える側」の中間層を含めて、より多くの人々の社会参加を支えるサービスである。人々が直面する困難は、個人において複数の問題が複合しており、さらに世帯のなかで連鎖している。したがって、利用者が選択できる多様なサービスが供給され、また利用者がサービスのあり方についてニーズを表明できることが必要である。たとえば、自らに適合的ではないと判断されれば、サービスを選択し直せることが望ましい。

準市場は、本来は、共生保障に求められるこうしたサービス供給のかたちを可能にする仕組みであった。この考え方は、もともとは一九八〇年代以降に、ヨーロッパにおける社会保障改革のなかから現れてきた。

たとえばイギリスやスウェーデンでは、福祉や医療において、国や自治体がサービス供給の主体であった。だが、利用者のニーズとの乖離《かいり》が生まれ、また様々な不効率も広がっていた。他方で、一九七九年に誕生したサッチャー政権以後の新自由主義的改革の流れは、社会保障と福祉の民営化をすすめ、サービス供給に市場原理を導入しようとしていた。

そこで、福祉サービスが公的な財源によって供給される体制を維持しつつ、より多様なニーズに応えサービスの選択可能性を広げる改革が取り組まれたのである。

スウェーデンでは、自治体が引き続きサービス供給の主体となったが、「供給と購入の分離」という考え方に沿って、福祉サービスを供給する部局と購入する部局を別立てとして両者の間に市場的関係をつくりだし、サービスの質やコストを改善するようにした。さらには、介護や保育のサービスについては、協同組合や株式会社によるサービス供給も認めるようになった。政府・自治体主導の普遍主義を実現しているスウェーデンでも、準市場の仕組みが取り入れられていったのである。

日本における準市場化

日本では、高齢者介護、障害者福祉、保育などのサービスは、もともと社会福祉法人など、民間の事業者によって担われる場合が多かった。だが、「支えられる側」を絞り込む必要もあり、いずれのサービス給付も行政措置としておこなわれ、民間事業者は措置を委託され執行する立場と位置づけられた。そこには、事業者が新たなサービスを開発したり利用者がサービスを選択する条件はなかった。

こうしたなか普遍主義的改革が提起され、日本でも準市場型の制度が導入されていった。まず、二〇〇〇年における介護保険制度の施行が、措置制度から準市場型制度へ転換する出発点となった。介護サービスの財源は市町村を保険者とする社会保険制度を基礎に賄われたこともあり、サービス供給を担う事業者の数は大幅に増大した。そのうち、訪問介護や通所介護の事業所は半数以上を営利法人(会社)が占めるに至っている(厚労省「平成二七年介護サービス施設・事業所調査の概況」)。

同じく二〇〇〇年からは、準市場への転換をすすめる「社会福祉基礎構造改革」が着手され、社会福祉事業法の社会福祉法への改正を皮切りに関連諸法の改正がおこなわれた。一連の法改正で目指されたのは、従来の措置制度を改めて、利用者と提供者の対等な関係を確立し、利用者の自己決定を尊重しつつ、多様な供給主体が参入する制度条件をつくるということであった。

二〇〇三年には障害者福祉において支援費制度の導入がおこなわれた。身体障害、知的障害に関するサービス、障害児の在宅サービスについて、やむを得ない事情がある場合以外は、それまでの措置制度に代えて利用者が指定事業者と契約をむすび、その利用料については自治体による支弁と利用者の応能負担によって賄われることになった。

このことで、それまで抑制されていたサービス利用が急激に拡大した。制度開始時の二〇〇三年四月と翌年二月でホームヘルプ事業費の伸びを見ると、障害児については二・四五倍、知的障害については一・八一倍となった(厚労省資料)。急増する財政支出に対処するため、二〇〇六年には支援費制度に代えて利用者の応益負担を高めた障害者自立支援法が施行された。

保育の領域では、一九九七年に児童福祉法が改正され、措置という言葉を条文からなくし、保育所を選択する権利が保護者に認められた。さらに二〇〇〇年には、それまで事実上は自治体と社会福祉法人に限定されていた保育所の設置主体として、株式会社などが設置認可申請することが可能になった。こうした改革の延長で、二〇一五年には、利用者が保育所と直接契約をむすぶことを基本とする子ども・子育て支援新制度がスタートした。

ところが先に見たように、こうした改革は、財政上の困難が深刻化し中間層が解体するなかですすめられた。サービス利用にあたって一定の自己負担が課されたこともあり、逆に低所得層など「支えられる側」と括られてきた人々のサービス利用が困難になった。保育については、準市場的な制度といっても、財源と保育所の数の制約から、利用者がサービスを選べる条件はごく限られている。

このように準市場は、公的財源などの条件が確保されないと、市場に接近して利用者の負担が重くなる。ここに中間層の解体が重なると、中間層に対象を広げるはずの改革が、逆に低所得層において新たな排除を生み出してしまう。

自己負担の抑制

準市場が本来のかたちで機能するうえで重要なことは、第一に、一般の市場とは異なり、サービスの供給が税や社会保険など公的な財源によっておこなわれ、利用者の負担は、サービスの乱用を抑制する範囲に留められる、ということである。このことは、準市場が生活保障のための制度であること、あくまで社会や市場において人々が活躍することを支える仕組みであることを考えれば当然ともいえる。

にもかかわらず日本では、介護保険や障害者福祉のサービスについて、自己負担の増大が準市場の制度として許容できる範囲を超えつつある。介護保険については、先に触れたとおり保険料が引き上げられ、サービス利用時の自己負担増がすすめられている。障害者福祉の領域では、二〇〇三年の支援費制度によって準市場的な仕組みが実現し、サービス利用と財政支出が急激に拡大したために、二〇〇六年には支援費制度に代えて障害者自立支援法が施行され、サービス利用者に応益的な一割負担が課された。

この自己負担は、多くの障害者のサービス利用を困難にする結果となり、民主党政権期の二〇一三年には、同法は応能負担の原則を改めて打ち出した障害者総合支援法へと再度組み替えられ、低所得層の負担減免措置が拡大された。しかしながら、一割負担は依然として多くの低所得の障害者に重くのしかかっている。

このように、日本では準市場における公的財源の制約から、自己負担が増大し続けている。「支えられる側」を峻別し保護する措置制度から脱却するという(それ自体は正しい)流れが、逆に今度は低所得層の排除を引き起こしていくならば、それは共生保障の理念とは相容れない。

介護、障害者福祉、保育などの財源拡大と地域の雇用安定との好循環をつくりだすことが重要であるが、当面は、自治体ごとの保険料や利用料の減免制度を充実させる必要もある。また、「社会保障と税の一体改革」のなかで提起されながら、導入が見送られている「総合合算制度」は再検討されるべきであろう。

総合合算制度とは、医療・福祉サービスの自己負担分について上限を設けようというものである。医療費の窓口負担、介護保険や障害者福祉サービスの利用者負担、保育料負担の総額について、たとえば世帯所得の一〇%といった上限を決め、それを超える分は公費負担とする。医療などの自己負担および社会保険の保険料は、消費税以上に逆進性がはっきりしていて、世帯によって負担が集中する傾向もある。総合合算制度は、準市場を正しく機能させるうえで導入されるべきものの一つである。

利用者のニーズ表明

準市場が共生保障を実現するために重要なのは、第二に、サービス利用者のニーズが適切に表明され、認定される、ということである。準市場におけるニーズのあり方は、市場における需要(ディマンド)とも、あるいは措置制度のもとでの支給決定手続きとも、根本的に異なっている。

市場における需要は、消費者の購買力を通して表明される。措置制度のもとでの福祉ニーズは、行政的に決定される。これに対して、準市場が対処するべきニーズについては、公的な財源が投入される以上、まず、社会的に充足されるべきニーズであることが判定される必要がある。介護保険における要介護認定や障害者福祉における障害支援区分認定、さらには子ども子育て新制度における保育の必要性の認定などがこれに相当する。

だがこれらは、行政措置としてのニーズ判定とは異なり、あくまで当事者の権利行使の第一段階である。その上で、判定され公的に認められたニーズ区分の枠内で、利用者が自らに(あるいは保育や就学前教育を受けさせる子どもに)適合的なサービスを選択できる、ということが大事になる。

ところが公的財源の規模の制約もあり、このニーズの認定とその上でのサービス選択もうまく機能していない。とくに子ども・子育て支援新制度においては、消費税増税に伴い二〇一五年度で約五〇〇〇億円の予算が投入されたものの、待機児童がむしろ増大する結果となった。保育サービスを選択できるどころか、保育を必要とする母親のニーズがきちんと認定されることにも困難が生じている。

保育の必要性認定に関わっては、その必要性を示すポイントの出し方などは自治体によって異なるが、一般に両親がフルタイム(多くの場合正規雇用)で働いている場合より、パートタイムの場合のほうがポイントが出にくく、認可保育所に入りにくい。結果的に、低所得層がより負担の大きな認可外の保育所に預けざるを得ない、という問題が起きる。

ひとり親世帯などの優先利用を実施している自治体もあるが、考慮されない場合もある。まして、子どもに合った就学前教育を選択できるという、共生保障の重要な条件が実現するのは、遠い夢になってしまっている。

仮に、サービス供給量が増して選択の可能性が広がったとしても、準市場が適用される介護、障害者福祉、保育などの領域では、当事者もまた自らに必要なサービスとはどのようなものか、客観的に理解しているわけではない。加えて準市場の分野では、サービスの供給者と利用者の間に著しい情報の非対称が存在し、利用者が最適なサービスへ到達することはしばしば困難となっている。

現状でも、保育サービスについては、児童福祉法で市町村にサービスについての情報提供が義務づけられ、介護保険については、独立行政法人福祉医療機構のネットワーク(WAM NET)が全国の事業者についての情報を集約し提供している。しかし、情報の非対称は依然として顕著である。

供給主体の育成

準市場が機能する条件として第三に問われるのは、サービス供給がいかなる主体によっておこなわれるか、という点である。この点で、入札制度など委託決定の手続きや再委託にあたっての業績評価の基準が大きく影響する。

民間事業体へのサービスの委託が、財政支出の抑制のために導入される時、委託先決定の手続きとしては、営利企業の参入も認めつつコスト削減に主眼を置いた入札がおこなわれることになる。業績評価もまた費用効率重視が貫かれることになり、この点では株式会社がしだいに有利になっていくであろう。仮にＮＰＯであっても、柔軟な組織を活かすよりその営利性を高めることを迫られよう。

介護保険制度の事業所に占める営利法人(会社)の比率をみると、訪問介護の事業所で六四・八%、通所介護(デイサービス)の事業所で五九・三%となっている(二〇一五年)。ただし株式会社だからといって、営利主義が優先されていると決めつけることもできない。

今日、NPO、協同組合、社会的ミッションを掲げる株式会社の境界線がしだいに確定しがたくなっている。営利性を追求するためではなく、サービスの柔軟性を維持するためにあえて株式会社という法人格を選択する事業体もある。他方で、社会福祉法人やNPO法人でも、実態としては営利主義に走っている場合もある。

ゆえに準市場には、サービス供給主体の法人格だけではなく、そのサービスの質を客観的に評価する仕組みを埋め込むことが必要である。すなわち、入札や事後評価において、個々の事業体がどれだけ廉価にサービスを提供したかだけではなく、いかに多くのニーズに対処し社会的包摂を実現できたかを、総合的に評価することである。

こうしたなか自治体によっては、質の高いサービスを生みだす仕組みを委託の制度に組み込もうとする動きがある。たとえば、事業の入札にあたって、コストのみならず実現するべき多様な目標や価値を総合的に勘案する「総合評価落札方式」は有効である。また、委託先の雇用・労働条件を定めてサービスの質を確保する「公契約条例」も広がりつつある。こうした制度を、公共工事のみならず共生保障を目指す社会サービスの委託や評価で活用し、準市場を担う主体を育てていくことが求められる。

3 「一体改革」から困窮者自立支援へ

「社会保障と税の一体改革」

一九八〇年代における普遍主義の提起に続き、介護保険制度の施行や障害者福祉における支援費制度の導入などが普遍主義的改革の第一の山とすると、普遍主義的改革の第二の山となったのは、「社会保障と税の一体改革」であった。

第一の山においては、高齢社会の到来のなかで、介護分野での普遍主義的改革がすすめられた。これに対して第二の山においては、保育サービスの充実を軸に、現役世代支援を含めた全世代対応の社会保障への転換が掲げられた。

この改革は、小泉政権の構造改革路線が行き詰まるなかで、二〇〇〇年代後半の福田内閣の下での「社会保障国民会議」(二〇〇八年)や麻生内閣における「安心社会実現会議」(二〇〇九年)の議論をとおして開始された。安心社会実現会議の報告書「安心と活力の日本へ」では、子育て支援や積極的労働市場政策をとおして、現役世代が働き続けることを支えるという視点が打ち出された。「支える側」を支え直す必要性が強調されたわけである。同時に、安心社会実現のコストを消費税増税を含む税制改革で賄うこと、そのための合意形成をすすめる重要性が説かれた。

その後二〇〇九年に民主党が政権に就いて、普遍主義的改革と連携した増税論はいったん後景に退いたが、菅政権が二〇一〇年の参議院選挙に際して消費税増税を唱えて敗北、これを受けて改めて増税の正当性を高めるために社会保障改革が打ち出された。社会保障改革の理念となることを期待されたのは、実は自民党政権時の社会保障国民会議や安心社会実現会議で掲げられた普遍主義的改革の方向性であった。

安心社会実現会議にも関わった筆者が座長をつとめた「社会保障改革に関する有識者検討会」が設置され、自民党政権時代の改革論議も取り込みながら、二〇一〇年一二月に政府に一体改革のための報告書を提出した。本報告書は、人々の社会参加を支える「参加保障」、現役世代支援で地域の活性化を図る「安心に基づく活力」と並んで、改めて「普遍主義」を改革理念の根本に据えた。

この報告書を基礎に、二〇一一年二月から「社会保障改革に関する集中検討会議」を中心に議論が継続され、民主党政権下の二〇一二年六月には、民主、自民、公明三党間での「三党合意」が成立し、社会保障制度改革推進法など社会保障改革の関連諸法が可決・成立した。こうして、保育サービスに準市場型の仕組みが一部導入され、また三党合意では子ども・子育て支援に一兆円超の財源を確保していくことが確認された。

さらに改革の内容を具体化するために、「社会保障制度改革国民会議」が設置され、自民党が政権に復帰した後の二〇一三年八月、社会保障改革の方向を体系的に示した報告書がまとめられた。そこでは、「全世代型の社会保障」という観点から、子ども子育て支援の質的・量的拡充が改めて打ち出された。併せて、国民健康保険制度の基盤強化や地域包括ケアに向けた医療・介護連携をすすめる基金創設などが提起された。

三重のジレンマの深まり

しかしながら、普遍主義的改革を制約する財政的困難、自治体の制度構造、中間層の解体という三重のジレンマは、この第二の山の時期には、第一の山の時期以上に改革の進行を阻んだ。財政的困難はさらに深刻化した。また、第二の山の時期には、「全世代型の社会保障」の実現が課題として浮上したその分、就労支援や包括的なサービス提供を不得意とする自治体制度との矛盾は深まった。さらに、中間層の解体は第一の山の時期以上に進展した。

まず財政的条件から述べるならば、第一の山の時期、介護保険法が成立した一九九七年に国と地方の長期債務残高はGDPの九四・四％であった。これに対して「社会保障と税の一体改革」関連法が成立した翌年の二〇一三年には、そのGDP比は二〇二・四％にまで膨らんでいた。しかも介護保険制度は、最終的には社会保険制度として独自財源を確保するかたちで始まったのに対して、保育の社会保険化は困難で、税財源のみが頼りであった。

二〇一六年二月には、子育て中の母親の「保育園落ちた日本死ね!!!」ブログが国会を揺るがせた。このブログは、安倍政権の「一億総活躍社会」論をふまえて「どうすんだよ私活躍できねーじゃねーか」「保育園増やせよ」と書いたが、保育所をつくる財源については、国会議員を減らせというおよそ有効とはいえない主張をしていた。「社会保障と税の一体改革」による保育サービス機能強化は、少なくともこのブログの書き手に全く効果が感じられなかったばかりか、そもそも増税によって保育サービスを強化するという約束すら浸透していなかったことになる。

次に、自治体の制度構造や地方政治の状況も足を引っ張った。介護問題に比べて、「社会保障と税の一体改革」が取り組んだ就労と子育ての両立困難は、働く母親の世帯だけに、しかも子育て期に限定してふりかかる問題、と受け止められるところがある。地域では、働く母親と専業主婦、保育所と幼稚園それぞれの業界、さらには自治体の部局が相互に分断されており、保育問題は介護問題に比べて政治的推進力が弱い。二〇〇四年に公立保育所運営費の国庫負担金が一般財源化された結果、保育予算が抑制される自治体が増えたことは、多くの自治体の政治において、保育サービスの優先度が低いことを示すものであった。

さらに、普遍主義を支えるべき中間層の解体は、第一の山の時期以上にすすんだ。二〇〇八年のリーマンショックの直後、仕事と住居を失った派遣労働者が日比谷公園で年を越した「年越し派遣村」の出現などは、この時期を象徴する出来事であった。第一の山の時期に始まった雇用劣化は、この時期には子どもの貧困にも伝播して、世帯内の困難は増していた。第一の山の時期の一九九七年に、国民生活基礎調査による相対的貧困率は一四・六％であったが、第二の山の時期、三党合意がなされた二〇一二年には一六・一％に達した。

「社会保障と税の一体改革」は、税が社会保障の機能強化をとおして社会に還元されていく道筋を示して、「取られるもの」というこの国の税金観を転換することを目指したはずであった。二〇一四年四月には、「社会保障と税の一体改革」で消費税が三％増税され八％となった。増税によって二〇一六年度の一般会計に入った税収は八・二兆円であるが、そのうち、既存の社会保障支出の財源の穴埋めに三・四兆円が、また基礎年金の国庫負担割合を二分の一にするために三・一兆円が充てられた。社会保障の機能強化に使われたのは一・三五兆円に留まる。そのうち、子ども・子育て支援に向けられたのは約五六〇〇億円である。

こうして、社会保障の機能強化を増税の目的に掲げながらも、そのごく一部しか給付の充実に使われないために、納税者にとって税が還元されている実感が育たず、税への不信や反発は変わらず、結果的に政治家が税の引き上げを回避する悪循環が続く。

安倍政権は、二〇一四年一二月には、消費税の一〇%への引き上げを二〇一七年四月に延期することを争点として衆議院を解散し、与党勢力を伸張させた。二〇一六年七月の参議院選挙の前には、さらに二年半増税を延期することを決めた。

生活困窮者の自立支援

社会保障改革の二つの山をとおして、普遍主義的改革という基本的な方向と、他方における財政的制約、自治体の制度構造、中間層の解体や雇用の劣化との齟齬《そご》が広がった。第二の山を形成した「社会保障と税の一体改革」においては、議論のたたき台となった二〇一〇年一二月の「社会保障改革に関する有識者検討会」報告書などで、現役世代の就労支援が課題の一つとして掲げられた。しかしながら、支出増を警戒する財務省の抵抗もあって、困窮や就労支援に関する施策は、改革論議の前面には出ないままであった。

そのなかで中間層の解体がすすみ生活困窮が広がった。生活保護の受給世帯数は、二〇一四年の段階で約一六〇万世帯に達した。最も増大しているのは低所得・低年金の高齢世帯である。だが同時に、高齢、障害、傷病、母子世帯などの事情に直接あてはまらない「その他世帯」が増大していることが問題視されるようになった。

「その他世帯」は、二〇〇四年には受給世帯数の九・四%であったが、二〇一四年には一七・七%となった。生活保護制度のなかでいえば、「その他世帯」といっても、世帯主が五〇歳以上で就労困難な場合が七割を超えている。だがこうした傾向から、現役世代のなかで、多様な困難から直ちに就労できず支援を必要とする人々が増大している、ということははっきり窺えた。

生活困窮や雇用の劣化という問題に対して真剣に対処しなければ、普遍主義的改革は新たな排除を生むことで終わってしまう。他方で、困窮した人々を選別して保護するだけでは、選別主義への逆行であるし、そもそも今日の困窮の広がりのなかで、すべての生活困窮者を長期にわたって保護しつづけることは困難になっている。

自立とは何か

二〇一二年二月に閣議決定された「社会保障と税の一体改革」大綱で、困窮の広がりに対処する「生活支援戦略」が初めて明確に打ち出された。その後、筆者も加わった社会保障審議会「生活困窮者の生活支援の在り方に関する特別部会」での議論を経て、二〇一三年一二月には生活困窮者自立支援法が成立し、二〇一五年四月に施行された。

生活困窮者自立支援制度は、「支えられる側」を保護するというより、生活困窮者の自立を支援して、その社会参加を支えることを目標とした制度である。生活困窮の広がりをふまえつつ、普遍主義的な社会保障・福祉への転換という目標をも貫こうとした点で、この制度は共生保障の理念と近い。

ただし自立支援という考え方は、これまでも触れてきたように、普遍主義的改革の第一の山からしばしば登場してきたものである。それではこの自立支援という言葉はどのような意味で使われてきたのか。そして従来の自立支援論に対して、生活困窮者自立支援制度のそれは、いかなる点で共生保障に接近したのか。

普遍主義的改革の流れを振り返ると、自立支援という言葉は、介護保険制度における高齢者の生活自立を指して使われ始めた。その後、日本型生活保障が揺らぎ雇用が不安定化するなかで、財政支出削減の圧力も加わり、現役世代の経済自立を促す言葉となっていった。

二〇〇二年には、母子世帯に給付される児童扶養手当について法律が改正され、「児童扶養手当の支給を受けた母は、自ら進んでその自立を図」らなければならないことになった。二〇〇三年には、経済産業省、厚生労働省、文部科学省、内閣府の協議のもと、「若者自立・挑戦プラン」が策定され、都道府県の所管による若者の就労支援機関「ジョブカフェ」も制度化された。その目的は、「若年者の働く意欲を喚起しつつ、全てのやる気のある若年者の職業的自立を促進し、もって若年失業者等の増加傾向を転換させる」(「若者自立・挑戦プラン」平成一五年六月一〇日、傍点引用者)こととされた。二〇〇五年には生活保護受給者の就労実現に向けた「自立支援プログラム」が導入された。さらに二〇〇六年には、障害者自立支援法が施行された。

こうした自立支援の考え方は、ほとんどの場合、自立の基準を一般的就労に見ている。就労自立が実現できていない背景については、「若者自立・挑戦プラン」の趣旨説明に窺えるように、当事者の意欲が問題とされた。普遍主義的改革は、常に財政支出の削減圧力によって掘り崩される傾向があったが、自立支援という言葉は、こうした圧力により強く連動し、一般的就労の要請に還元される傾向があった。その一方で、自治体の制度構造や政策的優先度の低さから、自立のための実効性のある支援は弱く、また縦割り制度のなかで包括性を欠いていた。

パーソナル・サポートから自立支援制度へ

しかしながら、リーマンショック後に「年越し派遣村」のようなかたちで困窮が「可視化」したことや、生活保護受給者が増大したことも契機となり、人々の就労自立を困難にしている状況や、求められる支援の内容について、よりリアルな議論が重ねられるようになった。

民主党政権下にあった二〇一〇年秋から、生活困窮者のために、制度を連携させながら持続的で包括的な支援をおこなう「パーソナル・サポーター」を育成しようとする試みが開始された。これまで、一部のケースワーカーや相談機関職員などが、ボランティア的におこなっていた伴走型の支援を制度化しようとするもので、そのような活動実績や構想のある五つの地域(釧路市、横浜市、京都府、福岡市および沖縄県)でモデル事業が開始され、その後、二〇一一年二月には、合計二七地域でプロジェクトがすすめられることになった。

併せて浮上したのが、中間的就労という考え方であった。旧来の自立支援が、当事者の実情からするとハードルの高い一般的就労を目指すのに対して、長期にわたり雇用から遠ざかっていた人などを対象に、コミュニケーション能力や生活リズムを得るためのウォーミングアップ的な就労機会を提供しようとするものであり、本書でいう支援付き就労に近い。

支出削減の方便としての自立から資源を投入しての自立へ、単なる意欲喚起から就労の現実的な条件づくりへ、そして縦割りから包括的支援へ、という流れは、明らかに共生保障の考え方と重なるものであった。

こうした流れを受けて制度化されたのが、生活困窮者自立支援制度であった。この制度は、社会保障審議会の特別部会で、本書で取り上げた「ふるさとの会」や秋田県藤里町の取り組みも含めて、各地で取り組まれていた多様な実践を集約するかたちで準備されていった。

二〇一五年四月から施行された生活困窮者自立支援制度によって、福祉事務所のある自治体には、生活困窮者に対する相談支援の窓口設置が義務づけられる。この窓口には、相談支援員と就労支援員が置かれるが、こうした支援員に期待されているのは、単に相談を受けることだけではない。この制度に先立つ「パーソナル・サポーター」に求められていたように、縦割りの制度を連携させ、また新たな社会資源も開発しながら、包括的で継続的な支援をおこなうことである。

「生活困窮者」とは、高齢者、障害者、子どもなど、縦割りの制度で固定化された「属性」

ではない。こうした属性が複合して個人や世帯が陥る「状況」で、そこから脱却していくことを課題とした言葉である。

同時に、既存の制度では十分に提供できない支援について、四つの任意事業が開始された。自治体にとって不得手であった就労支援をすすめる就労準備支援事業、家計管理をとおして世帯ごとに複合した問題の解決を目指す家計相談支援事業、住居や食料についての一時生活支援事業、子どもの学習支援事業の四つである。

このように、生活困窮者自立支援制度は、これまでの普遍主義的改革を制約してきた困窮の広がりに対処しようとするものである。そしてその方法は、前章でまとめた共生保障の仕組みと重なり合う部分も多い。だが、それゆえに、普遍主義的な改革が直面してきた自治体制度や地方政治の壁に、直接に展開を阻まれることにもなる。

共生保障に向けた課題

この生活困窮者自立支援制度も、これまで普遍主義的改革を困難にしてきた財政的制約や自治体制度の壁を簡単には突き崩せないでいる。

この制度が扱った二〇一五年度の相談受付件数は、約二二万六〇〇〇件で、約五万六〇〇〇件について支援プランが作成され、そのうち五割が就労、あるいは増収につながったとされる。だが、地域の困窮と孤立の広がりを考えると、対応するべき困難に十分に対処できてはいない。相談に訪れる人は男性が六割近くで中高年が多い。ここからは、高齢者、母子などのための既存の窓口とすみ分けた「もう一つの縦割り」になっている傾向も見てとれる。

義務化されている自立相談支援事業以外の、任意事業に取り組む自治体は、二〇一六年度は就労準備支援事業が三九％、家計相談支援事業は三四％、一時生活支援事業は二六％、学習支援事業は四七％と、増大はしているもののまだ多数とはなっていない。とくに雇用と福祉をつなぐ就労準備支援や、世帯の問題に全体として対処しうる家計相談支援は、今日の自治体にとって不可欠の制度のはずであるが、逆にいえば現状では受け皿がなく着手しない自治体が多い。

とりあえず設置が義務化されている自立相談支援の窓口において、地域の中小企業などとのパイプを太くし、支援付き就労を含めた多様な就労機会を確保していくことが求められる。しかしながら、この制度を所管しているのは自治体の福祉部局がほとんどで、これまでの雇用と福祉の分断を反映して、そのような働きかけは十分とはいえない。

自立相談支援の窓口には就労支援員が置かれているが、二〇一五年一〇月の研修時に厚労省が就労支援員を対象に調査したところ、一般的就労先の開拓について「まだ検討していない」

という回答が五一％にのぼった。「中間的就労」の開拓も重要であるが、「まだ検討していない」という回答が六八％であった。

本章のまとめ

前章までに見てきた地域の創造的な取り組みが定着し広がるためにも、社会保障の普遍主義的改革が推進される必要がある。実際のところ、一九九〇年代の半ばから、介護保険制度および障害者自立支援制度の成立(第一の山)、さらには子ども・子育て支援新制度の導入(第二の山)のように、準市場の制度を軸にした普遍主義的改革がすすめられてきた。

にもかかわらず、スウェーデンのように経済成長期にすすめられた普遍主義的改革とは異なり、経済が停滞し日本型生活保障が解体するなかで開始された普遍主義的改革は、財政的困難、(日本型生活保障の遺制でもある)自治体の制度構造、中間層の解体という三つの構造的ジレンマに制約された。その結果として、普遍主義的改革は低所得者を制度から排除する傾向すら帯びてきている。

その一方で生活困窮者自立支援制度のように、この構造的ジレンマに対処していこうとする政策展開もある。この制度は第一に、救貧的制度に舞い戻ることなく中間層の解体に対処しようとするものであった。すなわち困窮を誰でも直面しうるリスクととらえ、その限りで普遍主義的な発想のもとで設計された制度であった。

第二に、この制度は、自治体による包括的な支援および雇用と福祉の連携強化を求めるものであった。その軸に自立相談支援の事業が位置づけられた。

そして第三に、短期的には生活保護を支援期間中の経済保障として活用するとしても、長期的には就労可能な人々の地域参加を広げつつ、地域の活性化や課税ベースの拡大を目指そうとするものであった。

しかし、このように構造的問題に切り込む制度であるからこそ、この制度は自治体における執行において多くの壁に突き当たっており、三つの構造的ジレンマを突破するに至っていない。

第五章

共生という価値と政治

1　共生という価値

アプローチとしての共生保障

地域で広がる困窮や孤立に、旧来の生活保障の制度が対処できないのはなぜか。一九九〇年代からすすめられてきた普遍主義的改革や準市場の導入は、なぜ新たな排除を生んでしまうのか。地域における多様な取り組みをどのように生かし、生活保障をいかに再構築するか。共生保障という言葉をキーワードに、以上のような問題を考えてきた。

「はじめに」でも述べたように、共生社会という理念を掲げたビジョンが、政府のなかからも外からも現れている。「支える側」「支えられる側」という二分法を超えるべきという議論も聞かれる。だがそれが、「支えられる側」を「支える側」に転換し、障害者や困窮者に劣化した雇用を義務付けたり、支え合いや共生に問題の解決を押し付ける、という結果になることも懸念される。

前章では社会保障改革の展開を振り返り、なぜ普遍主義的改革が目標を達成できないかを考えた。ある政策が、投入された社会的文脈のなかで、当初の狙いとは別の機能を果たすようになることを、政治学では「政策ドリフト」と呼ぶ(Hacker 2005)。

普遍主義的改革をすすめてきた関係者には、政策ドリフトを予想できずに挫折感を深めた者もいようし、またこうした結果を予め読み込んでいた者もいよう。いずれにせよ、行財政や社会経済の構造問題がそのままで、新たな改革が重ねられても、また政策ドリフトが引きおこされ、懸念されるような結果になるのではないか。

これに対して共生保障とは、自治体の制度構造や中間層の解体など、こうした構造問題に踏み込むことを含めたビジョンである。つまり、包括的支援の実現や生活困窮層の参加条件の拡大などを組み込んだ共生の戦略である。「支えられる側」に参加機会を広げるユニバーサル就労や新しい居住支援など、すぐに足を踏み出せるアプローチも少なくない。

その一方で、共生保障として挙げたメニューには、補完型所得保障の強化や、「支える側」を支え直す保育サービスの「就学前教育」としての展開など、しかるべき財源の確保が必要になる施策もある。財源確保に向けた社会的合意はどう実現しうるか。

そのためにも、「共生」を美しい理念で終わらせるのではなく、共生保障のビジョンが、実際に人々の利益となることを示していく必要がある。この最終章では、改めて共生という理念について整理した上で、その実現のための政治のかたちを考えたい。

手段としての共生

共生や支え合いという言葉は、「かくあるべきだ」という規範的な調子を伴う。とくに、普遍主義的な社会保障改革がしかるべき財政的裏付けをもって進展せず、地域で介護や子育ての資源が枯渇し、政府がそれを補うべく「共生」や「支え合い」を持ち出すとすれば、助け合いの押し付けというトーンが強まる。

しかし、共生や支え合いは規範として押し付けられる筋合いのものではない。一見したところ利他的な行為であっても、共生は長期的に見ると自己に利益をもたらす。また、人々が互いに認め認められる相互承認の関係を取り結ぶことができれば、共生はそれ自体が価値となる。前者は手段としての共生、後者は目的としての共生と呼ぶことができよう。共生や支え合いは、人々にとって手段でもあり目的でもあり、したがって本来は自発的な営みなのである。

まず手段としての共生を考えたい。利他的に見える関係形成をとおして、自己の利益を実現していこうとする考え方は、生物学や政治学を含めた社会科学の理論のなかで、「互恵的利他主義」と呼ばれてきた。「互恵的利他主義」の分かりやすい説明は、たとえばR・ドーキンスの『利己的な遺伝子』に見られる。ここで説かれているのは、自らの生き残りを図る遺伝子の利己性ゆえに、共生関係が強められるという論理である。

ドーキンスはある種類の鳥の頭のてっぺんにダニが寄生して、ほっておけば病原菌が繁殖して命を落とす、という状況を想定する。頭のてっぺんなので、自分のくちばしではどうしても取り除くことができない。他の鳥に毛繕《けづくろ》いで取ってもらうしかないのである。

このダニ取り鳥に、三種類がある。すなわち、相手をかまわず、他のどの鳥のダニも取ってやるお人好しの利他的な鳥、自分の頭のダニは取らせておいて、他の鳥のダニは取ってやらない「ごまかし屋」の利己的な鳥、そして、初対面の相手や以前に自分のダニを取ってくれた鳥のダニは取ってやるが、以前に自分のダニを取ってくれなかった鳥は忘れずにいて、その鳥に出会ってもダニは取ってやらないという、お互い様の鳥である。ドーキンスは、このお互い様の鳥を利己的な鳥にごまかされたことを忘れない「うらみ屋」と呼ぶ。

ドーキンスは、この三種類の鳥をコンピュータのシミュレーションで出会わせて、どの鳥が繁栄するかを実験する。多数のお人好しの利他的鳥、少数のごまかし屋の利己的鳥、そして同じく少数のお互い様の鳥を出会わせる。

すると最初は、利己的な鳥が他の鳥を搾取して増殖を続ける。利他的な鳥は(残念なことに)

急激に減少する。お互い様の鳥もゆるやかに減少する。しかしながら、利他的な鳥が姿を消し、利己的な鳥の数が多数になると変化が生じる。利己的鳥が出会う相手も利己的であるために、これまでのように簡単に他者を搾取できなくなると、しだいに利己的鳥は減少し、お互い様の鳥が増大するのである。やがて、お互い様の鳥が全体を制圧するようになる。

利己的な遺伝子が生き残るためにも、互恵的な共生を習得した個体が有利になることを、ドーキンスは示したのである。

互恵的利他主義の条件

ドーキンスのような社会生物学の視点からの議論もふまえつつ、人間社会を扱う社会科学でも、互恵的利他主義が論じられてきた。たとえばアメリカの経済学者、S・ボウルズとH・ギンタスらは、互恵性を人間社会に備わった特性としてより強く押し出し、経済学を中心に「利己的人間（ホモ・エコノミクス）」像がまかり通っていることに対して、実際の人間を「互恵的人間（ホモ・レシプロカンズ）」と見なす。

もちろん、互恵的人間という特質は、無条件に発揮されるのではない。人々の間で互いの利益が簡単に両立、均衡するようであれば、そもそも私たちは生活保障の刷新に頭を悩ませる必要もないであろう。人々にとって互恵的な支え合いを強く意識する機会はそれほど多いわけではない。給与明細を受け取り、そこで天引きされている税や保険料を見て溜息をつくのではなく、支え合いが実現しているという安心感を得るという人は、決して多くはないであろう。

人々が支え合いの利得を実感できるためには、そのための社会的条件や制度が重要になる。たとえば、協力し合えば互いに得るところがあるのに、協力の条件が整わないために互いが損をしてしまうことは、「社会的ジレンマ」と呼ばれる。この問題は、社会科学の様々な分野で広く議論されてきた。協力が成立するために必要な信頼やつながりは、近年では「社会関係資本」とされ、信頼関係がどれだけ豊かであるによって、政治の安定や経済成長に差が生まれることが明らかにされている(Ostrom and Ahn 2003)。

R・アクセルロッドは、「社会的ジレンマ」を回避しつつ、協力関係を育てる条件をいくつか挙げている。まず、人々が頻繁に出会って協力し合う機会を多く設け、さらに関係が持続する見通しをつけて「将来の重みを増す」ということが大事だという。また、協力関係に参加したときの見返りが増大するように制度を設計することが必要であるとされる。さらには協力関係が一人ひとりの利益になることを丁寧に説明することが不可欠ともいう(アクセルロッド 一九九八)。

日本型生活保障と信頼

生活保障の議論に再び引き付けると、これまでの日本型生活保障は、信頼関係が社会に行き渡りにくく、会社などを超えた協力の条件が整いにくい仕組みであった。

第一に、企業や業界を超えたつながりの弱さである。男性稼ぎ主を中心とした「支える側」の企業や業界は、それぞれが生活保障や教育の機能を自足的に果たし、内部においては濃密な人間関係を形成していた。しかしながら、企業や業界の関係を超えた薄く広い信頼関係は育たなかった。いささか古いデータになるが、世界価値観調査を基礎に二〇〇五年にOECDがまとめた統計では、文化、宗教、政治などの分野でいくつの団体に所属しているかを各国で問うたところ、OECDの平均が一・四六であるのに対して、日本は〇・八四であった。なんらかの団体で無報酬の活動をしている市民の割合は、OECDの平均が三二・二％であるのに対して、日本は一五・六％に留まった(OECD 2005)。

第二に、政府に対する信頼の欠落である。日本型生活保障においては、政府が社会に対して生活保障の明確なルールを示すことはなかった。公共事業や業界保護などの手段で男性稼ぎ主の雇用を支えることに重点を置いた。「支える側」の「強い個人」という見かけはこうして可能になったが、政府や自治体の施策はあくまで裁量的であったために、政府への信頼は育たなかったばかりか、利益誘導型の仕組みに不信が増した。中央政府を信頼していると回答した市民の割合は、日本では二〇〇七年の二四％から二〇一二年の一七％に低下した。ちなみに二〇一二年のOECDの平均は四〇％である（OECD 2013）。

第三に、「支えられる側」を切り離し絞り込む仕組みである。生活保護制度に代表されるように、「支えられる側」として給付対象となる人々は絞り込まれ、多数の人々との接点は見えにくくなった。そのために、現実には受給総額の〇・四％程度である不正受給が日常化しているかに受け取られるなど、ここからも不信が生み出されることになった。

日本型生活保障においては、「支える側」「支えられる側」が分断されていたのみならず、「支える側」の企業や業界も相互に仕切られていた。社会心理学者の山岸俊男によれば、日本は企業や業界ごとのコミットメント関係で一定の安心を提供してきたが、社会全体としては「信頼社会」ではなかった（山岸 一九九八）。

前章で振り返った普遍主義的改革は、こうした生活保障のあり方を超えて社会保障の機能を強化することを目指した。介護保険が、社会保障で支えられる実感を多くの市民にもたらしたのは事実である。しかしながら、「社会保障と税の一体改革」の展開をとおして、税を社会に還元させ共生の関係を構築する道のりが遠いことが示された。税を地域で活用し納税者の不信を解消するよりも、左右の党派を問わず税への不信を政治的に動員することが優先されていったのである。

目的としての共生

ドーキンスに見られるような互恵的利他主義の共生論は、共生を個体の利益を実現する手段として考える。いわば手段としての共生である。この手段としての共生は、共生の大事な一面であるが、共生の価値を自己利益実現の手段に還元してしまうのも正しくない。

これに対して、本書が共生保障というときは、支え合いのなかでの相互承認こそ生活をより意味のあるものにするという見方を重視してきた。認め認められる相互承認の場を広げるためにも、これまでの働き方、家族や居住のかたち、社会保障や福祉の制度の転換が必要なのである。

近年の幸福研究や行動経済学においては、経済成長や経済的豊かさは、一定の水準に達した段階で幸福度との相関が弱くなることが指摘されている。アメリカの経済学者のR・イースタリンが、国の経済成長率と生活満足度の相関についてこのことを指摘したことから「イースタリンの逆説」と呼ばれる。行動経済学のD・カーネマンは、アメリカのギャラップ社の二〇〇八年から二〇〇九年にかけての約四五万件の回答データを分析し、ストレスがないなど情緒的な幸福度に関する限り、年収七万五〇〇〇ドルから所得とのはっきりした比例が見られなくなるとする(Kahneman and Deaton 2010)。

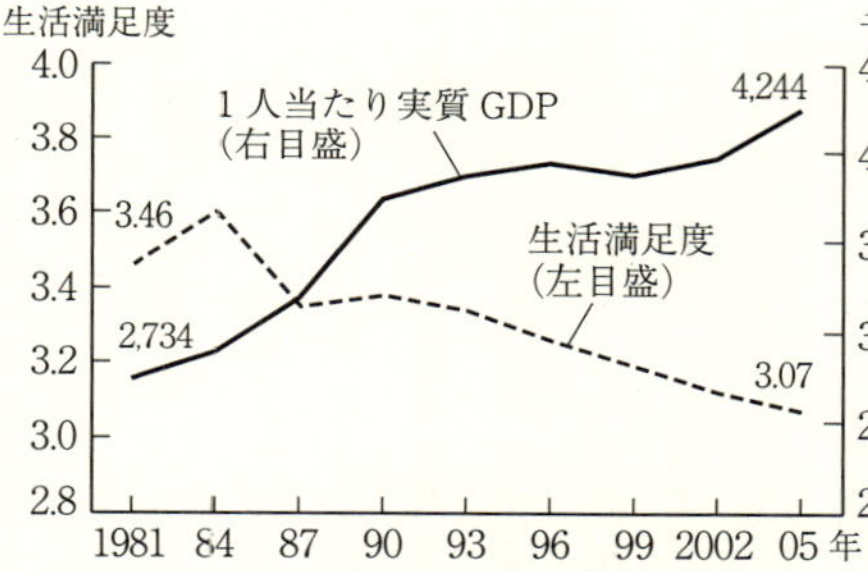

出所:内閣府『平成20年版国民生活白書』

図5–1　生活満足度と国民1人当たりGDPの推移

図5－1は少し古いデータであるが、日本における国民一人当たりGDPと生活満足度がすでに相関していないことを示す。ただし本書が分析してきたように、この相関が逆転した一九八〇年代の後半から九〇年にかけてというのは、中間層の解体が始まる直前でもあり、ここに格差や再分配の問題が関係するであろうことも併せて留意しなければならない。

経済成長や経済的豊かさがある水準を超えた段階から、どのような要因が幸福感を高めるかについては、簡単にまとめることは困難である。しかしながら、失業の有無、家族やコミュニティの関係など、つながりや共生に関する要因が大きな役割を果たしているといって間違いはなさそうである。

B・S・フライが先行した幸福研究の包括的サーベイともいうべき著作で研究をまとめたところでは、失業は幸福を大きく減じるが、失業手当を増額することで満足度はさほど回復しない。ここからは社会的つながりや承認関係からの切断こそが打撃となっていることが推測できる。ただし失業が長引くと、人々はそれに慣れていって、失業は大きな打撃ではなくなる傾向があるという。他方でボランティア活動の頻度は、明らかに幸福度を高める。

またフライは、ドイツにおける長期パネル調査のデータから結婚と生活満足度の相関について分析し、結婚は生活満足度を高めるが長続きはせず、結婚四年目くらいから満足度が下降する傾向があることを示す。ただし、所得や学歴が近く、職場と家庭といった分業関係に陥らないカップルでは、満足度が持続する傾向も認められる(フライ二〇一二)。

認め認められる承認関係を実現した共生関係は、それ自体が価値であるということは可能であろう。ただしいうまでもなく、つながりがすべて人々を幸福にするわけではない。ハラスメント交じりのコミュニティから単に波長の合わないつきあいに至るまで、つながりそのものが苦しみや悩みのもとになることは珍しくない。

したがって、共生それ自体のなかで私たちの満足度が高まるためには、働く場であれ家族であれ地域であれ、帰属するコミュニティを変更したり複線化できることが必要になる。共生保障の制度として、第二章で検討した「交差点型社会」の仕組みが重要なのはそのためでもある。

共生の可視化

互恵的利他主義の系譜に属する議論は、共生を規範としてしまうことに対して、共生が個人にとっての利得になることを強調する点で有益である。ただし、共生関係を個人の利得を増大するゲームに還元してしまう傾向もある。人々が認め認められる相互承認の関係に入ることそれ自体が、人々にとって大きな福利なのである。

共生は私たちにとって、手段としても目的としても、不自然で無理な事柄ではない。ただし、互恵的で自発的な共生関係が広がるためには、実現されるべき制度条件がある。本書はその制度条件を検討してきたが、加えて、こうした制度に支えられる互恵的関係は、分かりやすく見えやすいことが望ましい。

徳島県上勝《かみかつ》町のゴミステーションを訪れた時、ゴミの資源化とリサイクルのために、三四種類の徹底したゴミ分別がおこなわれているのを見て驚いたことがある。同町ではゴミ収集車は走らず、町民がこのほぼ年中無休のゴミステーションに直接ゴミをもって集まってくる。

必ずしも生活保障についての事例ではないが、ごみの分別というのは「社会的ジレンマ」の典型である。住民が協力してきちんと分別をおこなえば、ゴミの処理費用が抑制できて住民の負担が減り、地域環境への負荷も低減する。ところが、自分だけが一生懸命分別をおこなっても、他の住民がさぼっているならば、無駄な努力になってしまうため決まりどおり分別する人は減り、結果的に皆が損をする。

上勝町でも、この分別制度を始めるときは消極的な声も上がり、集落ごとに長い時間をかけて議論し、この制度が町民の利得になることを皆が納得していったという。人々が集まるゴミステーションは、町民の共生関係を可視化した。結果的に上勝町では、ゴミの資源化がすすみゴミ処理経費を半減させることができた。

ちなみに、ゴミステーションにやってきた町民たちは、ゴミの分別をしながらあちこちで立ち話などしたり、隣のリサイクルマーケットに集まっていた。こうした様子を見ていると、ゴミをめぐるこの協力関係は、人々の間のつながりを強め、信頼の醸成につながる点で、手段であると同時に価値ある目的でもあることが窺われた。

2　共生をめぐる政治

政治の機能不全とポピュリズム

共生社会のビジョンが様々に提起されてはいるものの、生活保障をめぐる政治のあり方は、必ずしも共生の保障に動き出しているとはいえない。困窮と孤立が地域で広がり、普遍主義的改革や自立支援が空回りするなか、全体としていえば、生活保障をめぐる政治は、むしろ先祖返りともいうべき様相を呈している。

すなわち経済成長重視の立場からは、自助の原理が改めて打ち出され、保守主義的な立場からは、家族の助け合いや三世代同居の効用も盛んに説かれるようになった。自助が成り立たない雇用の劣化や、家族をつくれない若者たちの実情とかけ離れた議論がむしろ増えている。

他方では逆に、社会保障重視の立場を掲げつつ、準市場型の改革や自立支援という考え方をすべて「新自由主義」とレッテル貼りする議論も少なくない。政治が福祉優先を唱えれば自動的に事態が打開されるかの議論は、あまりに単純化された見方である。

仮にこれが三〇年前であったら、こうした対立構図も成り立ったかもしれない。これまで

「支える側」「支えられる側」の二分法が前提となっていた時には、経済的自由主義、リベラル、保守主義の三つの立場が比較的はっきりと分かれた。

経済的自由主義あるいは新自由主義は、「強い個人」を出発点としてまず経済成長の実現を目指した。その成長の果実が、「支えられる側」にこぼれ落ちていくという、トリクルダウンの発想が経済的自由主義の特徴であった。したがって、「支える側」としての「強い個人」の活躍を奨励する規制緩和や減税が、結局は社会全体の生活保障につながるとされた。

これに対してリベラルは、一般に経済的な再分配を強化し、「支えられる側」としての「弱い個人」を保護することに心を砕いた。とくにアメリカやイギリスなど、アングロサクソン諸国のリベラルは、支援対象を経済的弱者に絞り込み、資源をそこに集中的に投入しようとした。

そして保守主義は、「強い個人」が「弱い個人」を庇護する伝統的紐帯を擁護することを掲げた。地域社会であれ、家族であれ、さらには国家であれ、旧来の恩恵的な関係をとおして、結果的に「支えられる側」の生活が維持される、というのが保守主義の考え方であった。

「強い個人」の活躍に依存するという点では、保守主義と経済的自由主義の連携は比較的容易であった。実際のところ、二〇世紀後半の先進国の政治対抗は、多くの場合、経済的自由主義と保守主義の連合に対してリベラル勢力が対峙するというかたちをとったのである。いずれにせよ、この対抗図式においては、旧来の二〇世紀型社会保障における防貧と救貧の二層構造も背景となって、「支える側」「支えられる側」の二分法が前提とされていた。

だが、第一章で述べたように、グローバルな市場競争の拡大や産業構造の変化のなかで、「強い個人」は急減し中間層が縮小しつつある。保守主義が依拠する地域社会、家族、企業の紐帯はもはや安定的なものではない。それでは増大する「弱い個人」をただ受け身のままで保護し続けるのかといえば、それでは社会は持続困難となり、人々の福利も向上しない。

今日の社会では、旧来の生活保障をめぐる政治的対立軸は、そのままでは通用しなくなっているのである。旧来の政治と制度の対応力が弱まり、社会的断層が広がる。多くの中間層が抱える複合的困難に制度が対応せず、中間層の凋落がすすむ。こうしたなか、旧来の政治を批判しつつ中間層の不安や怒りを煽るポピュリズム的な政治が世界的に広がっている。制度転換で社会的断層をふさぐ、共生保障の政治への転換が求められている。

共生保障の政治

共生保障の理念は、「支える側」「支えられる側」という構図を超えようとする以上、旧来の三つの政治的潮流のいずれかにぴったりあてはまるものではない。

共生保障は、「支える側」を支え直し、「支えられる側」に参加機会を広げようとする。つまり、人々が支え合いのなかで生活を成立させ、安定的な雇用を得ていくことを支援する。その点ではこの考え方は、リベラルな政治潮流の流れを継承する。

一口にリベラルといっても、多様な潮流が存在してきた。とくにスウェーデンなど北欧の社会民主主義は、アングロサクソンのリベラルと異なり、早くから社会的投資や社会的包摂に近い考え方を提起してきていた。そして、積極的労働市場政策や就学前教育を兼ねた保育サービス、障害者雇用政策などで、人々が社会とつながり就労することを目標としてきた。この発想は、後にイギリス労働党などでも「第三の道」路線として継承された。共生保障の考え方には、まずはこうした北欧型リベラルの経験が受け継がれている。

ただし、第二章でも触れたように、「第三の道」路線における社会的投資や社会的包摂の提起は、雇用の劣化がすすみ地域社会や家族が揺らいでしまっていることに、十分自覚的でなかった。これに対して共生保障の政治は、ユニバーサル就労、共生型ケア、地域型居住といったかたちで、共生の場の再構築を目標とする。

雇用やコミュニティの揺らぎに対して、その再生と維持を目指すという点では、共生保障は保守主義的な課題も担っていることになる。ここでは「目的としての共生」を再生し維持していくことが大事になる。

さらに、経済成長との関係はどうか。共生という言葉は、脱経済成長というニュアンスを伴う場合もある。けれども本書で共生保障というときは、経済成長という課題は、その内容や基準の見直しは必要としても、看過されるべきものではない。

共生保障においては、経済的自由主義のようなトリクルダウンの発想はとらない。だが、「支える側」の支援でその力を引き出し、「支えられる側」の活動力も高めることを目指すのであるから、生活保障と経済成長は同じ方向を向いている。共生保障の経済成長戦略は、EUの底上げ型成長戦略である包摂型成長（インクルーシブ・グロース）の考え方に近いものともいえる。包摂型成長の戦略は、共生関係が経済を活性化しうることを示し、「手段としての共生」を打ち出すものである。

つまり共生保障の考え方は、（北欧型の）リベラルの系譜に連なるものであるとしても、今日の社会と経済の状況に合わせた刷新を経たものでもある。今日のように、社会的つながりが根本から揺らいでいる時代のリベラルは、かつてのように、安定した経営や家族を前提に、人々の保護を説くだけではすまない。より多くの人々が参加できる雇用や居住のかたちの構築を課題とするという点で、保守主義や経済的自由主義の掲げた課題も取り込んでいかざるを得ない。

逆にいえば、ここには新たな政治再編の可能性も見出せるであろう。

共生保障という考え方は、他方において、普遍主義的改革の流れを本来の趣旨に立ち戻らせるためにも重要である。前章で検討したとおり、普遍主義的改革は、財政的困難、自治体の制度構造、中間層の解体などによって、立ち行かなくなっている。

共生保障とは、「支えられる側」を絞り込み保護するという選別主義から脱却しようとする点で、普遍主義的な理念である。同時に共生保障は、中間層が解体し人々が働き暮らす条件が厳しくなっているなかで、共生の場を再構築し、また自治体の制度構造の転換を図る。その点では、普遍主義的改革のジレンマに対処しようとする新しい普遍主義でもある。国の普遍主義的改革の展開からも、生活困窮者自立支援制度のように、中間層の解体や自治体制度の制約に対処しようとする点で、共生保障に接近する施策も現れている。

自助・互助・共助・公助

今日、生活保障のかたちをめぐっては、政治的な対立軸とも対応しつつ、自助・互助・共助・公助、それぞれの比重や相互関係が論じられる(表5-1)。先に、先祖返りのような経済的自由主義や保守主義の主張が復活していると述べたが、このことと関わって、改めて自助の

表 5-1　旧来の政治対抗と共生保障の政治

	支え合いのかたち	自助・互助・共助・公助
経済的自由主義	「支える側」の活躍条件拡大とトリクルダウン	自助に重点
保守主義	家族や地域共同体における「支える側」「支えられる側」の紐帯強化	互助・共助に重点
リベラル	「支えられる側」の権利擁護	公助に重点
共生保障の政治	「支え合い」を支える	自助・互助・共助・公助の連携

出所：筆者作成

重視や自己責任を打ち出す議論も広がっている。

たとえば自民党は、民主党政権期の二〇一〇年に新綱領を定めたが、そこで「自助自立する個人を尊重し、その条件を整えるとともに、共助・公助する仕組を充実する」ことを打ち出した。また、二〇一三年八月にとりまとめられた社会保障制度改革国民会議の報告書は、日本の社会保障制度の基本的な考え方として「自助・共助・公助の最適な組み合わせ」を挙げている。そして、「国民の生活は、自らが働いて自らの生活を支え、自らの健康は自ら維持するという「自助」を基本」とすることが強調され、これを共助・公助で補完するとしている。

では、共生保障の政治において、自助・互助・共助・公助はどのように組み合わされるべきであろうか。まず、自助・互助・共助・公助の定義についてであるが、実はそれぞれが具体的に意味するものについては、はっきりした合意があるわけではない。

とくに共助という言葉は、その意味するところが分かれる。先の社会保障制度改革国民会議の報告書では、共助とは社会保険制度をとおしての連帯という意味で使われている。その一方で、ＮＰＯや協同組合などによる支え合いを意味する場合がある。たとえば内閣府が二〇一三年五月から開催した「共助社会づくり懇談会」における共助社会の担い手とは、「特定非営利活動法人や公益社団・財団法人、一般社団・財団法人若しくは株式会社など」とされている（共助社会づくり懇談会「共助社会づくりの推進に向けて」平成二五年五月）。こうした支え合いの関係のなかでも、身近な地域的つながりやボランティアなどによるものを「互助」として区別する場合もある。

また公助とは、端的に生活保護のような公的扶助に限定されて用いられる場合もあるが、一般的には、より広く政府や自治体がおこなう所得保障やサービスを含む場合が多い。

線引きか連携か

新しい生活保障の展望のために重要なのは、自助・互助・共助・公助の関係をどのように構想するか、ということである。

その考え方には二つの系譜がある。一つは、「線引き型」ともいうべき考え方で、自助・互助・共助・公助を切り離してとらえ、ここまでは自助、ここから先は互助や共助というように、それぞれの間にはっきり線を引く考え方である。これに対してもう一つは、「連携型」ともいうべき考え方で、それぞれを連携しあうものとしてとらえ、自助を可能にするために互助・共助・公助で支える、という関係を重視するものである。

これまでの議論は、「線引き型」の発想に立ったものが多かった。「自助を基本とする」という主張には、しばしばこの「線引き型」に基づいた議論が多い。旧来の政治対抗もまた、この「線引き型」を前提に展開されてきたといってもよい。経済的自由主義は、何も頼らずに努力する自己責任の世界という意味での自助を打ち出し、その範囲を広げようとしてきた。自助の制度として重視されたのは市場であった。

これに対して保守主義は、互助や共助の役割を重視し、制度としては地域共同体、家族や社会保険制度を打ち出した。さらにリベラリズムは、公助による「支えられる側」の保護を目指し、制度としては政府の役割を中心に考えた。

これに対して、「連携型」とは、自助・互助・共助・公助を相互に浸透しあい、連携するものとして考える。この場合、たとえば自助とは、何らかの支援を受けることを排除しない。互助・共助・公助の支援を受けつつも、自らの意志に基づき可能な範囲の生活自立、就労自立のために活動することを意味する。さらに互助・共助が公助による補助金などの支援を受ける場合も想定する。

共生保障の考え方は、基本的にこの「連携型」に基づいているといえる。第三章で述べた制度構想に引き付ければ、支援付き就労とは、互助や共助の支援を受けた自助の試みである。地域型居住もまた、自助を基礎とした生活に互助や共助を組み込んでいくものであった。補完型所得保障とは、自助を可能にする所得保障あるいは公助の制度ということができよう。

共生保障に関わって本書が取り上げてきた地域の取り組みは、その多くが、こうした「自助の互助・共助・公助」を実現していた。第二章で見た「ふるさとの会」の場合は、「共同リビング」などを通して高齢者の互助を実現することを重視していた。高齢者一人ひとりの生活自立と自助はこうした互助のなかでこそ可能になるという考え方が背景にあった。自らもまた生活困難を抱えた現役世代がこうした互助を支え、その彼ら彼女らもまた、（NPO法人という意味での）共助の組織である「ふるさとの会」による多様な支援を受けていた。そして「ふるさとの会」による生活支援の前提として、生活保護など公助の仕組みも重要な役割を果たしていた。

重要なのは、自助のために互助が、互助のために共助が、共助のために公助がその役割を発揮するという連携と連鎖である。それぞれが最適な形で組み合わされる、自助・互助・共助・公助のベストミックスこそ、共生保障を可能にする。

転換は可能か

第二章、第三章で見たように、地域では共生保障への多様な取り組みがすすむ。第四章で検討したように、国の社会保障改革には三つの構造的制約があるが、生活困窮者自立支援制度のように、この構造的制約自体に対処しようとする政策展開もある。地域の動向と国の施策の新展開が一体となれば、共生保障に向けた一歩が踏み出される。そのためには、共生保障の政治がイニシアティブを発揮することが不可欠である。

にもかかわらず、生活保障をめぐる政治転換の動きは鈍い。生活保障の政治が活性化しないことには訳がある。

困窮と孤立の広がりにもかかわらず、問題が政治の課題として浮上しない。旧来の生活保障の制度が残存していることは、人々が直面する複合的困難の解決を難しくしているだけではない。そのような困難を表出し、政治的課題にしていくこと自体を妨げる。人々は、制度が対応しない困難というのは、何か特殊で人に訴えることができない個人的な問題のように受け止めてしまう。第一章で取り上げた、無理心中を図った銚子市の母親もそうであったのではないか。困難を抱えた人々が政治に向き合ったとしても、社会保障・福祉の拡充が要求とはならない。制度は多くの人々の困難に未対応であるばかりか、低所得層を排除する傾向すらあった。準市場型の仕組みのもとでの自己負担増などが背景にある。生活保護受給者は、その受給資格がある低所得層の二割以下に留まっていると考えられる。こうしたなかで、困窮し孤立した人々が社会保障に自らの利益を見出せなくなっている。選挙における政党選択に際しても、低所得層は社会保障や福祉を選択基準としていない、という実証的分析もある(西澤 二〇一六)。

したがって政治もまた、社会保障の機能強化に積極的ではないし、まして増税のリスクをおかそうとしない。人々は生活困難を政治の場で解決するという選択肢を失い、政治的無関心が広がり、政治は組織力が低下している業界団体など既存の利益集団への依存を続ける。あるいは人々の不安や怒りを煽るポピュリズム的な政治に走る。

しかし、人々の抱える複合的困難を、政治のアジェンダに乗せることなく、棚上げし続けることが可能かといえば疑問である。仮に正規雇用の本人がなんとか定年までたどり着くことができても、老親の認知症や介護問題、息子や娘の非正規雇用など、世帯のどこかで問題が深刻化していることが多い。まして、より若い世代であれば、ライフサイクルのそこここに新しい社会的リスクが伏在している。

旧来型の経済成長で解決しようとする経済的自由主義も、家族を守る手段を欠いた保守主義も、絞り込みの制度のなかでの行政的保護も、いずれも最終的な解決にならないとすれば、共生保障の新しい政治が有力な選択肢になる可能性はある。

3　新しい戦略のために

出発点を振り返る

全体を振り返りながら議論を閉じたい。本書が出発点としたのは、以下のような状況であった。

生活保障をめぐって共生社会という理念が様々に語られているが、地域では孤立や困窮が広がり、共生と支え合いそれ自体が困難になっている。制度が対応できていないからである。「支える側」の雇用の制度と、「支えられる側」の縦割りの福祉の制度が二元化するなかで、非正規雇用層や福祉の基準に明確に合致しない就労困難層など、二つの制度の間で解決されない複合的な困難を抱える人々が増大している。

地域の支え合いそれ自体が困難なまま、共生社会への接近は難しい。共生という言葉だけが一人歩きすると、支え合いに責任を押し付けて支援の水準が低下するという悪循環に陥りかねない。

その一方で地域では、人々の支え合いを支え、共生を可能にしようとする多様な試みが広がっている。しかし、こうした動きは、「好事例」に留まり大きな制度転換にはつながっていない。

介護、障害者福祉、保育などをめぐって、普遍主義的改革もすすめられてきた。ところが本来、普遍主義的改革とは、財政的コストをかけて、中間層をも対象として、幅広い人々の自立支援をおこなうものである。そのような普遍主義的改革が、財政危機のもと、中間層が解体し経済自立のハードルが高くなり、自治体制度の制約もあるなかで追求された。改革の理念は実現に至らず、逆に低所得層の一部が排除される傾向も現れている。

共生保障の意義

地域ですすむ取り組みには、新しい普遍主義へのヒントが数多くある。多様な試みに共通するのは、人々の支え合いや共生に依拠しつつも、そこに問題を押し付けるのではなく、支え合いを支え、共生の場を形成しようとしていることであった。あるいは、人々が抱える複合的な困難に対処して、共生の場につなげる包括的な支援を実現しようとしていた。

他方で、普遍主義的改革を目指してきた国の社会保障改革も曲がり角に来ている。普遍主義の実現を困難にしている構造をふまえ、かといって救貧的な選別主義に舞い戻るのではなく、財政的困難、自治体の制度問題、中間層の解体に対処できる普遍主義をどう構築するかが問われる。そのような方向を展望するにあたり、生活困窮者自立支援の制度には新しい可能性がある。

共生保障は、地域からの取り組みを定着させつつ、こうした新しい普遍主義をすすめていく指針でもある。実際のところ行政のなかでも、地域共生社会ビジョンの具体化に際して、生活困窮者自立支援制度を一つのひな形にしながら、縦割りを横断する包括的な支援体制を構築しようとする動きがある。

だが共生や自立というテーマが政府から打ち出されるとき、そこには行政と政治の責任が曖昧にされ、人々の助け合いや自助にすりかえられる危険もある。共生保障とは、そのようなすりかえを回避し、人々の支え合いのために行政と政治が果たすべき条件を示す政策基準でもある。

共生保障とその可能性

本書は、以上のような意義をもつ共生保障について、そのための制度と政策を考えてきた。大きく二つの柱があった。

第一に、人々を雇用や居住など、共生の場につなげる制度が重要であった。新たに「支える側」を支え直し、「支えられる側」に参加機会を広げる仕組みが求められる。前者は子育て支援や「就学前教育」、現役世代の学び直しの制度などが相当し、後者は高齢者、障害者、生活困窮者などの社会参加を支援する制度が中心となる。

こうした制度体系は、人々が働き、住み、暮らす共生の場を自発的に選択していくうえでも重要である。誰とどのような共生関係に身を置くか、それは人々が自ら選択し、決定するべき事柄である。

したがってこうしたサービスは、人々を共生の場につなぐと同時に、必要であれば、人々が身体とこころを休めたり、教育や訓練を受けたり、共生の場を選択し直したりすることを可能にしなければならない。ＮＰＯなど民間の事業体を含めて、公的財源を基礎として、個人や世帯の状況にあった包括的で柔軟なサービスを供給していく必要がある。

第二に、より多くの人々が参加しうる共生の場づくりであった。人々を共生の場につなげても、一般的就労は労働条件が厳しく働き続けることが困難であったり、あるいは住まいで孤立してしまったりする。「一億総活躍社会」をめぐる議論も、人々を活躍の場につなげるとするが、その活躍の場で働き住まうことが困難で、暮らしも成り立たないとすれば、活躍自体が難しい。

より多くの人々が、働き、住み、暮らすことが可能なように、それぞれの次元で、「支える側」「支えられる側」、それぞれの制度の相互乗り入れがすすめられる必要がある。こうした相互乗り入れで現れるのが、ユニバーサル就労や共生型ケアであり、あるいは地域型居住であり、補完型所得保障であった。このような新しい共生の場と制度が、旧来の一般的就労や居住のあり方にも影響を及ぼしつつ、共生の場の間口が広がっていく必要がある。

本書が示しえたのは、生活保障の新しいかたちのラフな骨格にすぎない。人々を共生の場につなげ、共生の場自体を拡充していく共生保障の戦略は、それ自体が生成途上のものである。このような考え方をより具体化していくためにも、地域におけるさらなる創造的取り組み、社会保障改革の新展開、そして両者をつなぐ共生保障の政治が必要である。生活保障の新しい理念は、そのような地域、行政、政治の連関のなかで活かされ、錬磨されていくべきものであろう。

あとがき

共生という言葉は、その意味がいささか漠然としているゆえに、誰も反論しがたく、だからこそ都合良く使われてしまうところがある。今、社会の紐帯が根本から揺らいでいることから、「共生社会」が盛んに提起されるが、人々がどのように関わり合い、誰が何に対して責任をもつ構想なのか、はっきりしないことが多い。「はじめに」でも述べたように、共生社会が打ち出される状況に、一面では懸念をもち、他面では可能性も感じたのが、本書を執筆するきっかけとなった。

共生は、上からの規範としてではなく、新しい支え合いの戦略と、それをふまえた制度によって実現されなければならない。ちょうど私自身、国や自治体の政策づくりに関わったことなどから、地域における生活保障の取り組みを調べて歩くことが増えていた。各地でしなやかなイニシアティブと創造的な取り組みを目の当たりにして、触発されるところが大きかった。

成功している事例に共通するのは、地域に働きかけるその方法にあるように思えた。人々の支え合いに依拠しつつ、ただしそこに問題を押し付けてしまうのではなく、支え合いを支え、共生の場を形成するイニシアティブ。ここには生活保障刷新の道筋があると感じた。

共生保障というのはこのような経緯でまとまってきた考え方である。私自身が前の岩波新書『生活保障　排除しない社会へ』で論じた「交差点型社会」や「アクティベーション」といった構想とも重なり合い、またその延長に位置づけられるビジョンである。

しかしながら、地域で創造的な取り組みがすすむにもかかわらず、これらは全国には広がらず、国の社会保障改革はむしろ停滞している。共生保障はなぜ萌芽のままに留まるのか。本書では政治学的な知見にも基づき、社会保障改革が共生保障へ接近する条件についても考えた。

「あとがき」を書きながら、このように本書が設定した課題を反芻《はんすう》すると、一連の課題がどこまで達成されているのか、忸怩《じくじ》たる思いにとらわれる。もっともこれは、いつものことである。はっきりしているのは、本書はいつも以上に多くの方々の協力で成立した、ということである。

まず、あまりに長いリストになってしまうため、いちいちお名前を挙げることは控えるが、本書で取り上げた団体と自治体の関係者に深くお礼を申し上げたい。一、二を除いてほとんどが筆者が訪ね歩いた地域であり、現地での調査に際してお世話になったことに加えて、原稿をお送りしてコメントをいただいた場合も多かった。

また、全国社会福祉協議会『月刊福祉』編集委員会、生活困窮者自立支援全国ネットワーク、地域ケア政策ネットワーク、生活経済政策研究所、全労済協会、連合総合生活開発研究所の皆さんには、豊かな議論と交流の場を提供いただいている。

共生保障という言葉は、前内閣官房地方創生総括官の山崎史郎氏と雑誌などで何度か対談した折りに、氏が使った共生支援という言葉からヒントを得た。東京大学名誉教授の大森彌先生は、政治学・行政学の立場から生活保障をめぐる政策論議を主導されてきた先達であり、多くを学ばせていただいている。厚生労働省の入部寛氏からは、本書の草稿に丁寧なコメントをお寄せいただいた。北海道大学公共政策大学院の田中みどり氏にも表現などで助言いただいた。

本書の内容はこのように多くの皆さんのお力添えによるが、ここでの現状分析や政治的な展望などは筆者一人の責任と判断によるものである。本書にまだ残されているかもしれない誤りなどについても、すべて筆者の責任である。読者のご指摘をいただければ幸いである。

先に述べたような問題意識が本書に結実できたのは、『生活保障』に続き、岩波書店編集部の小田野耕明氏のお勧めがあったからである。小田野氏と初めてお会いしたのは、もう二〇年近く前、雑誌『世界』での欧州の新政治潮流や中道左派についての座談会企画であった。私はその後、研究主題を大きく転じたようでいて、結局は同じ問いを追い続けていると思う。小田野氏からは、今回も最適のタイミングで最善のアドバイスをいただいた。

最後に私事にわたるが、妻の英美に感謝の気持ちを述べたい。最近は高校時代の思い出話などが多くなってしまったが、そんなふうに過ごす小さな共生の場と居場所が、なんとか私を支えている。

二〇一六年一一月

宮本太郎

参考文献

はじめに

宮本太郎『生活保障　排除しない社会へ』岩波新書，2009 年

宮本太郎「地域社会をいかに支えるのか——生活保障の再編と地域包括ケア」宮本太郎編著『地域包括ケアと生活保障の再編——新しい「支え合い」システムを創る』明石書店，2014 年

第 1 章

青砥恭・さいたまユースサポートネット編『若者の貧困・居場所・セカンドチャンス』太郎次郎社エディタス，2015 年

赤石千衣子『ひとり親家庭』岩波新書，2014 年

猪飼周平『病院の世紀の理論』有斐閣，2010 年

井上英夫・山口一秀・荒井新二編『なぜ母親は娘を手にかけたのか——居住貧困と銚子市母子心中事件』旬報社，2016 年

岩永理恵『生活保護は最低生活をどう構想したか——保護基準と実施要領の歴史分析』ミネルヴァ書房，2011 年

浦河べてるの家『べてるの家の「非」援助論——そのままでいいと思えるための 25 章』医学書院，2002 年

NHK スペシャル取材班『老後破産　長寿という悪夢』新潮社，2015 年

中澤渉『なぜ日本の公教育費は少ないのか——教育の公的役割を問いなおす』勁草書房，2014 年

長谷川敏彦「医療福祉の視点からまちづくりを考える——今なぜ「医療・福祉」と「まちづくり」なのか」『老いる都市と医療を再生する——まちなか集積医療の実現策の提示』NIRA 研究報告書，2012 年

濱口桂一郎『若者と労働——「入社」の仕組みから解きほぐす』中公新書ラクレ，2013 年

山本克也「都道府県別推計年金可処分所得からみた医療・介護の負担能力」西村周三監修，国立社会保障・人口問題研究所編『地域包括ケアシステム——「住み慣れた地域で老いる」社会

をめざして』慶應義塾大学出版会，2013 年
ユニセフ イノチェンティ研究所・阿部彩・竹沢純子『イノチェンティレポートカード 11　先進国における子どもの幸福度——日本との比較　特別編集版』公益財団法人日本ユニセフ協会，2013 年
Hans Keman, Kees van Kersbergen and Barbara Vis, “Political Parties and New Social Risks: The Double Backlash against Social Democracy and Christian Democracy”, in Klaus Armingeon and Giuliano Bonoli (eds.), *The Politics of Post-Industrial Welfare States: Adapting Post-War Social Policies to New Social Risks*, Routledge, 2006.
OECD, *Pensions at a Glance 2015: OECD and G20 Indicators*, 2015.

第 2 章

菊池まゆみ『「藤里方式」が止まらない——弱小社協が始めたひきこもり支援が日本を変える可能性？』萌書房，2015 年
佐藤幹夫監修，的場由木編著『「生きづらさ」を支える本——対人援助の実践的手引き』言視舎，2014 年
ジョック・ヤング（青木秀男・伊藤泰郎・岸政彦・村澤真保呂訳）『排除型社会——後期近代における犯罪・雇用・差異』洛北出版，2007 年
田中夏子『イタリア社会的経済の地域展開』日本経済評論社，2004 年
藤里町社会福祉協議会・秋田魁新報社共編『ひきこもり町おこしに発つ』秋田魁新報社，2012 年
宮本太郎『社会的包摂の政治学——自立と承認をめぐる政治対抗』ミネルヴァ書房，2013 年
米澤亘『労働統合型社会的企業の可能性——障害者就労における社会的包摂へのアプローチ』ミネルヴァ書房，2011 年
Colin Crouch, “Social Investment Policies: a New Wave”, policy network, (http://www.policy-network.net/), 2015.
Günther Schmid, “Towards a Theory of Transitional Labour Markets”, Günther Schmid and Bernard Gazier (eds.), *The Dynamics*

of Full Employment: Social Integration through Transitional Labour Market, Edward Elgar, 2002.

第3章

阿部彩『子どもの貧困II――解決策を考える』岩波新書，2014年
アンソニー・B・アトキンソン（山形浩生・森本正史訳）『21世紀の不平等』東洋経済新報社，2015年
奥田佑子・平野隆之・榊原美樹「共生型プログラムの新たな動向と都道府県における地域福祉政策――全国都道府県調査と熊本県・高知県の比較から」『日本の地域福祉』25，2012年
橘川武郎・篠崎恵美子『地域再生あなたが主役だ――農商工連携と雇用創出』日本経済評論社，2010年
佐藤岩夫『現代国家と一般条項――借家法の比較歴史社会学的研究』創文社，1999年
白川泰之『空き家と生活支援でつくる「地域善隣事業」――「住まい」と連動した地域包括ケア』中央法規，2014年
惣万佳代子『笑顔の大家族このゆびとーまれ――「富山型」デイサービスの日々』水書坊，2002年
富山県民間デイサービス連絡協議会編『富山からはじまった共生ケア――お年寄りも子どもも障害者もいっしょ』全国コミュニティライフサポートセンター・筒井書房，2003年
西川英治（聞き手・宮本太郎）「ウォッチング2016　人と人との出会いが生まれる街のつくり方」『月刊福祉』10月号，2016年
西山裕「都道府県の地域福祉施策における共生型事業推進施策の意義――その展開過程から見た意義と地域包括ケアの構築における役割」（国際医療福祉大学大学院・医療福祉学研究科博士論文），2014年
平山洋介『住宅政策のどこが問題か――〈持家社会〉の次を展望する』光文社新書，2009年
渡邉幸義『雇用創造革命――ひきこもりも知的障がいも戦力にする執念の経営』ダイヤモンド社，2012年
Dennis J. Ventry, Jr., "The Collision of Tax and Welfare Politics: The

Political History of the Earned Income Tax Credit", Bruce D. Meyer and Douglas Holtz-Eakin (eds.), *Making Work Pay: The Earned Income Tax Credit and Its Impact on America's Families*, Russell Sage Foundation, 2002.

Lane Kenworthy, *Progress for the Poor*, Oxford University Press, 2011.

Orio Giarini and Patrick M. Liedtke, *The Employment Dilemma and the Future of Work: Report to the Club of Rome*, The Club of Rome, 2006.

第 4 章

井手英策・古市将人・宮崎雅人『分断社会を終わらせる――「だれもが受益者」という財政戦略』筑摩選書，2016 年

上野千鶴子『ケアの社会学――当事者主権の福祉社会へ』太田出版，2011 年

介護保険制度史研究会・大森彌・山崎史郎・香取照幸・稲川武宣・菅原弘子編著『介護保険制度史――基本構想から法施行まで』社会保険研究所，2016 年

駒村康平「準市場メカニズムと新しい保育サービス制度の構築」『季刊社会保障研究』第 44 巻第 1 号，2008 年

小宮山洋子『厚生労働大臣・副大臣 742 日』八月書館，2012 年

榊原一恵・伊藤美樹子・三上洋「介護保険サービスの支給限度額に対するサービス利用の実態とサービス利用に影響を与える要因」『甲南女子大学研究紀要 看護学・リハビリテーション学編』第 8 号，2014 年

佐橋克彦『福祉サービスの準市場化――保育・介護・支援費制度の比較から』ミネルヴァ書房， 2006 年

清水真人『消費税　政と官との「十年戦争」』新潮文庫 , 2015 年

三浦文夫『社会福祉政策研究――福祉政策と福祉改革』全国社会福祉協議会，1995 年

宮本太郎『福祉政治――日本の生活保障とデモクラシー』有斐閣，2008 年

森詩恵「介護保険制度における低所得者支援の現状と今後への示

唆」『経済学雑誌』第 115 巻第 3 号，2015 年
Julian Le Grand and Will Bartlett (eds.), *Quasi-Markets and Social Policy*, Macmillan, 1993.

第 5 章

盛山和夫・海野道郎編『秩序問題と社会的ジレンマ』ハーベスト社，1991 年
西澤由隆「世論調査による政治的格差の時系列的分析」2016 年度日本政治学会共通論題「格差社会と政治」報告論文(http://www1.doshisha.ac.jp/～ynishiza/)，2016 年
ブルーノ・S・フライ(白石小百合訳)『幸福度をはかる経済学』NTT 出版，2012 年
宮本太郎「利益政治の転換とリアル・デモクラシー」宮本太郎・山口二郎編『リアル・デモクラシー――ポスト「日本型利益政治」の構想』岩波書店，2016 年
リチャード・ドーキンス(日高敏隆・岸由二・羽田節子・垂水雄二訳)『利己的な遺伝子』紀伊國屋書店 , 2006 年
ロバート・アクセルロッド(松田裕之訳)『つきあい方の科学――バクテリアから国際関係まで』ミネルヴァ書房，1998 年
山岸俊男『信頼の構造――こころと社会の進化ゲーム』東京大学出版会，1998 年
Daniel Kahneman and Angus Deaton, “High Income improves Evaluation of Life but Not Emotional Well-being”, *Proceedings of the National Academy of Sciences of the United States of America*, vol. 107, no. 38, 2010.
Elinor Ostrom and T. K. Ahn (eds.), *Foundations of Social Capital: Critical Studies in Economic Institutions 2*, Edward Elgar Publishing Limited, 2003.
Jacob S. Hacker, “Policy Drift: The Hidden Politics of US Welfare State Retrenchment”, Wolfgang Streeck and Kathleen Thelen (eds.), *Beyond Continuity: Institutional Change in Advanced Political Economies*, Oxford University Press, 2005.
OECD, *Government at a Glance*, 2013.

参考文献

OECD, *Society at a Glance: OECD Social Indicators*, 2005.
Samuel Bowles and Herbert Gintis, *A Cooperative Species: Human Reciprocity and Its Evolution*, Princeton University Press, 2011.

宮本太郎

1958年 東京都生まれ
1988年 中央大学大学院法学研究科博士後期課程単位取得退学
立命館大学法学部教授，北海道大学法学部教授などを経て
現在—中央大学法学部教授，博士(政治学)
専攻—政治学，福祉政策論
単著—『福祉国家という戦略』(法律文化社)『福祉政治』(有斐閣)『生活保障　排除しない社会へ』(岩波新書)『社会的包摂の政治学』(ミネルヴァ書房)『貧困・介護・育児の政治』(朝日選書)
編著—『リアル・デモクラシー』(岩波書店) ほか
共著—『比較政治経済学』(有斐閣)『徹底討論　日本の政治を変える』(岩波現代全書) ほか
訳書—G. エスピン－アンデルセン『福祉資本主義の三つの世界』(共監訳，ミネルヴァ書房)

共生保障〈支え合い〉の戦略　岩波新書(新赤版)1639

2017年1月20日　第1刷発行
2024年7月16日　第3刷発行

著　者　宮本太郎《みやもとたろう》

発行者　坂本政謙

発行所　株式会社 岩波書店
〒101-8002 東京都千代田区一ツ橋 2-5-5
案内 03-5210-4000　営業部 03-5210-4111
https://www.iwanami.co.jp/

新書編集部 03-5210-4054
https://www.iwanami.co.jp/sin/

印刷・理想社　カバー・半七印刷　製本・中永製本

ISBN 978-4-00-431639-8　　Printed in Japan

岩波新書新赤版一〇〇〇点に際して

ひとつの時代が終わったと言われて久しい。だが、その先にいかなる時代を展望するのか、私たちはその輪郭すら描きえていない。二〇世紀から持ち越した課題の多くは、未だ解決の緒を見つけることのできないままであり、二一世紀が新たに招きよせた問題も少なくない。グローバル資本主義の浸透、憎悪の連鎖、暴力の応酬――世界は混沌として深い不安の只中にある。

現代社会においては変化が常態となり、速さと新しさに絶対的な価値が与えられた。消費社会の深化と情報技術の革命は、種々の境界を無くし、人々の生活やコミュニケーションの様式を根底から変容させてきた。ライフスタイルは多様化し、一面では個人の生き方をそれぞれが選びとる時代が始まっている。同時に、新たな格差が生まれ、様々な次元での亀裂や分断が深まっている。社会や歴史に対する意識が揺らぎ、普遍的な理念に対する根本的な懐疑や、現実を変えることへの無力感がひそかに根を張りつつある。そして生きることに誰もが困難を覚える時代が到来している。

しかし、日常生活のそれぞれの場で、自由と民主主義を獲得し実践することを通じて、私たち自身がそうした閉塞を乗り超え、希望の時代の幕開けを告げてゆくことは不可能ではあるまい。そのために、いま求められていること――それは、個と個の間で開かれた対話を積み重ねながら、人間らしく生きることの条件について一人ひとりが粘り強く思考することではないか。その営みの糧となるものが、教養に外ならないと私たちは考える。歴史とは何か、よく生きるとはいかなることか、世界そして人間はどこへ向かうべきなのか――こうした根源的な問いとの格闘が、文化と知の厚みを作り出し、個人と社会を支える基盤としての教養となった。まさにそのような教養への道案内こそ、岩波新書が創刊以来、追求してきたことである。

岩波新書は、日中戦争下の一九三八年一一月に赤版として創刊された。創刊の辞は、道義の精神に則らない日本の行動を憂慮し、批判的精神と良心的行動の欠如を戒めつつ、現代人の現代的教養を刊行の目的とする、と謳っている。以後、青版、黄版、新赤版と装いを改めながら、合計二五〇〇点余りを世に問うてきた。そして、いままた新赤版が一〇〇〇点を迎えたのを機に、人間の理性と良心への信頼を再確認し、それに裏打ちされた文化を培っていく決意を込めて、新しい装丁のもとに再出発したいと思う。一冊一冊から吹き出す新風が一人でも多くの読者の許に届くこと、そして希望ある時代への想像力を豊かにかき立てることを切に願う。

（二〇〇六年四月）

岩波新書より

認知症フレンドリー社会　徳田雄人
アナキズム　一丸となってバラバラに生きろ　栗原　康
まちづくり都市 金沢　山出　保
総介護社会　小竹雅子
賢い患者　山口育子
住まいで「老活」　安楽玲子
現代社会はどこに向かうか　見田宗介
EVと自動運転 クルマをどう変えるか　鶴原吉郎
ルポ 保育格差◆　小林美希
棋士とAI　王　銘琬
科学者と軍事研究　池内　了
原子力規制委員会　新藤宗幸
東電原発裁判　添田孝史
日本問答　田中優子・松岡正剛
日本の無戸籍者　井戸まさえ
〈ひとり死〉時代のお葬式とお墓　小谷みどり
町を住みこなす　大月敏雄

歩く、見る、聞く 人びとの自然再生　宮内泰介
対話する社会へ　暉峻淑子
悩みいろいろ　金子　勝
魚と日本人 食と職の経済学　濱田武士
ルポ 貧困女子　飯島裕子
鳥獣害 動物たちと、どう向きあうか　祖田　修
科学者と戦争　池内　了
新しい幸福論　橘木俊詔
ブラックバイト 学生が危ない　今野晴貴
原発プロパガンダ　本間　龍
ルポ 母子避難　吉田千亜
日本にとって沖縄とは何か　新崎盛暉
日本病 長期衰退のダイナミクス◆　金子　勝・児玉龍彦
雇用身分社会　森岡孝二
生命保険とのつき合い方◆　出口治明
ルポ にっぽんのごみ　杉本裕明
鈴木さんにも分かるネットの未来　川上量生

地域に希望あり◆　大江正章
世論調査とは何だろうか◆　岩本　裕
フォト・ストーリー 沖縄の70年　石川文洋
ルポ 保育崩壊　小林美希
多数決を疑う 社会的選択理論とは何か　坂井豊貴
アホウドリを追った日本人　平岡昭利
朝鮮と日本に生きる　金　時鐘
被災弱者　岡田広行
農山村は消滅しない　小田切徳美
復興〈災害〉　塩崎賢明
「働くこと」を問い直す　山崎　憲
原発と大津波 警告を葬った人々　添田孝史
縮小都市の挑戦　矢作　弘
福島原発事故 被災者支援政策の欺瞞　日野行介
日本の年金◆　駒村康平
食と農でつなぐ 福島から◆　塩谷弘康・岩崎由美子
過労自殺〔第二版〕◆　川人　博

岩波新書より

金沢を歩く	山出　保
ドキュメント 豪雨災害	稲泉　連
ひとり親家庭	赤石千衣子
女のからだ フェミニズム以後	荻野美穂
〈老いがい〉の時代◆	天野正子
子どもの貧困 Ⅱ	阿部　彩
性と法律	角田由紀子
ヘイト・スピーチとは何か◆	師岡康子
生活保護から考える◆	稲葉　剛
かつお節と日本人	宮内泰介・藤林　泰
家事労働ハラスメント	竹信三恵子
福島原発事故 県民健康管理調査の闇◆	日野行介
電気料金はなぜ上がるのか◆	朝日新聞経済部
おとなが育つ条件	柏木惠子
在日外国人〔第三版〕	田中　宏
まち再生の術語集	延藤安弘
震災日録 記憶を記録する◆	森まゆみ
原発をつくらせない人びと	山秋　真
社会人の生き方◆	暉峻淑子
構造災 科学技術社会に潜む危機	松本三和夫
家族という意志◆	芹沢俊介
ルポ 良心と義務	田中伸尚
夢よりも深い覚醒へ◆	大澤真幸
3・11 複合被災◆	外岡秀俊
子どもの声を社会へ	桜井智恵子
就職とは何か◆	森岡孝二
日本のデザイン	原　研哉
ポジティヴ・アクション	辻村みよ子
脱原子力社会へ◆	長谷川公一
希望は絶望のど真ん中に	むのたけじ
アスベスト 広がる被害	大島秀利
原発を終わらせる	石橋克彦編
日本の食糧が危ない	中村靖彦
希望のつくり方	玄田有史
生き方の不平等◆	白波瀬佐和子
同性愛と異性愛	風間　孝・河口和也
新しい労働社会	濱口桂一郎
世代間連帯	上野千鶴子・辻元清美
道路をどうするか	五十嵐敬喜・小川明雄
子どもの貧困	阿部　彩
子どもへの性的虐待◆	森田ゆり
テレワーク「未来型労働」の現実	佐藤彰男
反貧困	湯浅　誠
不可能性の時代	大澤真幸
地域の力	大江正章
少子社会日本	山田昌弘
親米と反米	吉見俊哉
「悩み」の正体	香山リカ
変えてゆく勇気◆	上川あや
戦争で死ぬ、ということ	島本慈子
ルポ 改憲潮流	斎藤貴男
社会学入門	見田宗介
冠婚葬祭のひみつ	斎藤美奈子
少年事件に取り組む	藤原正範
悪役レスラーは笑う◆	森　達也
いまどきの「常識」◆	香山リカ

(2023.7)　◆は品切，電子書籍版あり．(D3)

岩波新書より

岩波新書より

環境・地球

グリーン・ニューディール　明日香壽川
水の未来　沖大幹
異常気象と地球温暖化　鬼頭昭雄
エネルギーを選びなおす　小澤祥司
欧州のエネルギーシフト◆　脇阪紀行
グリーン経済最前線◆　井田徹治　末吉竹二郎
環境アセスメントとは何か　原科幸彦
生物多様性とは何か　井田徹治
キリマンジャロの雪が消えていく　石弘之
イワシと気候変動　川崎健
森林と人間　石城謙吉
地球の水が危ない　高橋裕
地球環境報告Ⅱ　石弘之
地球環境問題とは何か　米本昌平
地球環境報告　石弘之
国土の変貌と水害◆　高橋裕
水俣病　原田正純

情報・メディア

実践 自分で調べる技術　宮内泰介
生きるための図書館　竹内さとる
メディア不信 何が問われているのか　林香里
グローバル・ジャーナリズム　澤康臣
キャスターという仕事　国谷裕子
読んじゃいなよ！　高橋源一郎編
読書と日本人　津野海太郎
スポーツアナウンサー 実況の真髄　山本浩
戦争と検閲 石川達三を読み直す　河原理子
NHK〔新版〕　松田浩
震災と情報◆　徳田雄洋
メディアと日本人　橋元良明
デジタル社会はなぜ生きにくいか　徳田雄洋
ジャーナリズムの可能性　原寿雄
ウェブ社会をどう生きるか　西垣通
報道被害　梓澤和幸
メディア社会　佐藤卓己
現代の戦争報道　門奈直樹
未来をつくる図書館　菅谷明子
新聞は生き残れるか◆　中馬清福
メディア・リテラシー　菅谷明子
職業としての編集者　吉野源三郎
岩波新書解説総目録 1938-2019　岩波新書編集部編

(2023.7)　◆は品切，電子書籍版あり．(GH)